POR ELLA Y PARA ELLA

POR ELLA Y PARA ELLA

ANTOLOGÍA DE POEMAS QUE CELEBRAN LOS BLANCOS Y NEGROS MATICES DEL AMOR COMO MÀXIMA EXPRESIÓN DEL SENTIMIENTO HUMANO.

POR: VICTOR ZAGAL

Copyright © 2021 Víctor Zagal
Ilustración: Clarissa Zagal

Todos los derechos reservados

No se permite la reproducción incorporación, distribución en parte o total de este libro, ya sea por medio de internet, electrónico, mecánico, fotográfico u otro medio público no mencionado aquí sin el permiso por escrito del autor; la excepción es para uso promocional de esta obra exclusivamente.

Esta obra ha sido registrada con la oficina de derechos de autor caso número 1-10557794091 (copyright.gov).

Cualquier interés en usar o desarrollar algún proyecto que se derive de esta obra dirigirse a sales@amadeuscompany.com

ISBN-13 978-0-578-93469-3

DEDICATORIA

Esta obra es dedicada a todos los que aman y sufren, a los que tienen paz en sus corazones y los que la añoran entre sueños cada noche. Para quien está viviendo amor pleno y para quien no ha perdido la fe y sigue buscándolo, esperándolo, sabiendo que cuanto llegue dará lo mejor de sí para no perderlo jamás. Para quien ama la vida, para el que ríe y el que llora; para el que sueña, para el que cree, para el que cae más nunca se da por vencido.

Gracias a Dios mi padre celestial quien me ha permitido llegar hasta aquí en este largo y hermoso camino; porque me ha concedido la gracia de poder expresar en palabras lo que el corazón siente y por darme tanto amor y protección; y por su infinita misericordia.

Le dedico este trabajo a mis padres: Cruz y Virginia, a mis hijos: Eric, Skyler y Clarissa, a mis hermanos: Héctor, Cruz, Norma, Raúl y Carlos. A mis abuelas Catalina y María De La Luz. A mi tía Zenaida y mi tío Benjamín y a mi prima Elizabeth. A mis sobrinas: Arely, Brenda y Tania; a todos mis tíos y tías y a todos los parientes allá en "Cuauchi"; a todos mis primos y primas, a todos mis hermanos del barrio y de la Prepa, en especial a mi amigo/hermano José.

Y por último pero sin ser menos importante, a "Ellas", las mujeres que en este recuento de esta etapa de mi vida me amaron o me quisieron y las que fueron buena onda; mujeres que entraron en mi vida y en su momento exacto partieron, no porque yo quise; porque así tenía que ser, de otro modo mi destino no se hubiese cumplido.

Gracias desde el fondo de mi corazón.
V.Z.

Tabla de Contenido

DEDICATORIA	I
PROLOGO	I
No Puedo Dejar De Soñar	1
Aquí No Hay Lugar Para Terceros	2
¿Quién?	3
Crueldad	4
¿En Dónde Nos Equivocamos?	5
Seguir Sin Ti	6
¿Porque Mentiste Así?	7
Esperaré	8
La Niña Que Toca El Alma	9
No Quiero Llamar Amor	10
¿De Que Sirvió?	11
Tu Parte	12
Somos Uno	13
Carolina	14
Bomba De Tiempo	15
Ladrón Por Ti	16
Ven a "El"	17
Si Estás Enamorada	18
Me Hice El Loco	19
Tú Lo Quieres Así	20
Vuelve	21
Voltea Para El Otro Lado	22
Somos Humanos	23
Agnosia	24
Juventud Soñadora	25
Levántate Amigo	26
Eso Prueba Que Hubo Amor	27
Jamás Bienvenido	28

Nadie Más	29
Cerca Del Fin	30
Apocalipsis	31
No Seas Así	32
Perdido	33
Aquella Estrella Eres Tú	34
Tu Eres Tú, Yo Soy Yo	35
Ya No Más	36
No Digas Nada	37
Más Allá De Las Palabras	38
El Pelo En La Sopa	39
Quiero Alejarme De Aquí	40
No Quisiera Que El Sueño Terminara	41
Nuestro Bebé	42
Día a Día	43
¿En Dónde Estás?	44
Olvidarme De Ti	45
Porque Esta Noche	46
Que Difícil Es	47
Lloraste Una Vez	48
Primer Amor	49
Te Amaré Tanto Mas	50
Ven	51
Que Si, Que No, Que Tu, Que Yo (I)	52
Que Si, Que No, Que Tu, Que Yo (II)	53
Ilusión De Amor	54
Mi Timidez	55
Tantas Cosas	56
Llueve Afuera	57
Entérate	58
No tengas Miedo	59
Una Súplica Más	60

Ya Es Tarde	61
Dicen Qué	62
Me Tachan De Ser	63
Mariana	64
Las Caras Del Equilibrio	65
Cita Al Mañana	66
Rumores	67
¿Alguna Vez?	68
Canción Sin Fin	69
El Amor Necesita Ayuda	70
Fue Un 16	71
Amor De Niña	72
No Ha Sanado Aún	73
Cachitos De Amor No Quiero	74
Solos Tú Y Yo	75
Esa Es Mi Nena	76
Mami Regaños	77
Pequeños Amantes	78
Despertar A Una Pesadilla	79
Tristeza	80
Soledad	81
Quiero Que Sepas	82
Tiempo	83
Paraíso	84
Cada Quien Por Su Lado	85
Pienso En Ti	86
Porque Soy Menor De Edad	87
Mi Último Aliento	88
Ya No Quiero	89
Recuerdos De Ti	90
Miedo A Perder	91
¿Porque Preguntas?	92

¿De Qué Estoy Hecho? 93
Volviéndome Loco 94
A Todos Nos Pasa Lo Mismo 95
Me Tratas Mal 96
Amos Del Misil 97
Besos Por Teléfono 98
Consejos Del Padre Al Hijo 99
Elegía 100
No Abuses 101
Fugitivos Por Amor 102
Doncella 103
Tenía Tatuado Un Corazón 104
Ojos De Miel 105
No Te Puedo Fallar 106
¿Alguien Puede Oírme? 107
Escribí 108
La Noche De Las Sirenas 109
Reflexiones 110
No Es Normal 111
No Es Mi Estilo 112
Como Eco 113
Mejor Dormir 114
Cansado 115
Recordar Es Vivir 116
Cuesta Arriba 117
Corazón Desechable 118
Expresión De Amor 119
San Valentín 120
Seguro De Amor 121
Amor De Comedia 122
Cenizas Y Rojo Vivo 123
Malos Ejemplos 124

Amante Mia	125
Un Mal Sueño	126
Por Eso Te Amo Yo	127
Te Unirás A Mi	128
En El Tren	129
Inexorable	130
La Villana	131
Es Naturaleza Humana	132
Tratémonos Un Poco Mas	133
Solo Bromeaba	134
Cuento De Amor	135
86,400	136
Cuando El Amor No Es Amor	137
De Mil Maneras	138
¿Qué Tendría Esa Mujer?	139
Las Noches Contigo Desde Que No Estás Aquí	140
Espejos Del Cielo	141
¿No Me Crees?	142
Cuando Llegue La Noche	143
Muerto En Vida	144
Descanso Sin Nombre	145
Cuatro Preguntas	146
La Bestia En Tu Cuarto	147
Arcoíris	148
No Todos Los Finales Son Tristes	149
A Todo y A Nada	150
Una Rima Para Ella	151
Temor A La Noche	152
Por Ti Y Nadie Más	153
Sin Temor	154
Inseguridad	155
Solo	156

Mentira o Realidad	157
Solo Tu Nombre	158
Amor Puro	159
Necesito Saber	160
Ella No	161
Seamos Amigos	162
Cuando Tu Pareja Necesita De Ti	163
Lagrimas	164
Señor De Poesía	165
Firmamento	166
Es Inútil	167
Imperfección	168
Perderte Para Vivir	169
Inerme	170
Separación	171
Llegó El Amor	172
Mal Entendido	173
El Hilo De La Vida	174
Cielo	175
Transparente	176
Por Su Culpa	177
Antes De Que Te Vayas	178
Si Pudiera Mentirte A Ti	179
Debo Estar Loco	180
Otro Error	181
Una Señal	182
De Volón Pin Pon	183
Ya No Quiero Rodar	184
Vuelve La Espalda	185
Guárdame En Tus Sueños	186
Lo Que Me Llevaré	187
Naturaleza	188

Nacer Amar Morir	189
Los Últimos Días	190
Mi Fantasma	191
Frio e Indiferencia	192
¿Atarte o Dejarte Marchar?	193
Antes Que Sea Tarde	194
Te quería, Te Quiero, Te Querré	195
Añoranza	196
Promesa # 1	197
Romanceando	198
A La Luz y A Oscuras	199
¿Qué Duele Más?	200
Las Cosas Que Amo De Ti	201
No Te Servirá	202
Por Falta De Pruebas	203
Semilla	204
Ni Lo Intentes	205
Atado A Ti	206
Piénsalo	207
Presentimiento	208
Por Mis Venas	209
Tu Estrella	210
Por Ser Como Eres	211
Conclusión	212
Robaste Mi Corazón	213
Adriana	214
No Sé Si Soñé	215
Beso	216
Esa Parte De Ti	217
Maneja Mi Auto	218
Bajo La Luna	219
Cuando Necesité De Ti	220

Hambriento y Sediento	221
Solo Basta	222
Sacaste Boleto	223
No Fue Coincidencia	224
El Amor Cambia	225
¿Qué Me Queda?	226
Para Mi Compañera	227
Tonto De Mí	228
Por Todo Lo Que Dieron	229
Búsqueda	230
Yo Mismo	231
Juegos	232
Hacia El Sol	233
Envíame Un Ángel	234
Alguien Como Tu Para Alguien Como Yo	235
Para Eso Estoy Aquí	236
Razones	237
Casi A Reventar	238
Mal Amor	239
Paris	240
Difícil De Decir	241
Muere El Amor	242
Hechizo Roto	243
Cuídame Mucho	244
Sin Ángel Guardián	245
Para Tus Ojos	246
Te Portas Mal	247
No Para De Llover	248
Así Será	249
Perdón Señor	250
Así Me Siento	251
Lo Acepto Yo, Lo Aceptas Tú	252

Última Carta	253
La Última Llamada	254
Lobo Solitario	255
Calles De Sangre	256
Mañana Tal Vez	257
Tarde Lluviosa	258
Cuerda Floja	259
Dormir, Pensar En Ti	260
Ginger	261
Mi Enfermedad	262
Erótica Estampa	263
Eso Y Más	264
Confesión	265
Esta Noche Te Hablo Así	266
No Sé Llorar	267
Acapulco Beach	268
Mujer Mexicana	269
Cuando Menos Te Esperaba	270
Yo Soy Tu Ángel	271
Por Si Acaso	272
Olvidar	273
No Finjas Inocencia	274
Para "Ella"	275
Curvas	276
A Grandes Pasos	277
Otoño	278
No Puede Ser Cierto	279
As De Tunas	280
Cazador	281
Galanes De Comics A Mi... ¡Bah!	282
Enamorados	283
Lamento De Un Hombre	284

La Rosa	285
Hombre De Lava	286
En Una Caja	287
Desilusión "Pachanguera"	288
Imperfecto	289
Niégales Luz	290
Silencio	291
Tú Lo Mereces	292
Amigos De La Noche	293
Tarde De Lluvia	294
¿Porque Será?	295
En La Cuerda Floja	296
Locura De Amar	297
Ella Se Fue	298
Lo Que Quiero De Ti	299
Placer Dormido	300
A África Fui	301
Pregúntale Al Viento	302
No Sueltes	303
Eterna Promesa	304
La Leyenda Que Canta El Cenzontle	305
Sin Esperanza	309
Descarga Eléctrica	310
Sin Aliento	311
Me Lastimas	312
¿Para Qué?	313
Robinson Crusoe	314
Triste Novela	315
Acertijo	316
Hazlo Cuando Quieras	317
Especialmente Para Ti	318
Fobia Al Amor	319

Lo Estoy Soportando	320
No Tienes Salida	321
Postrimería	322
Elevador	323
Incendiario	324
Tan Cerca, Tan Lejos	325
Promesa # 2	326
Un Poco De Mí	327
Te Extraño	328
En Alguna Estrella	329
Mala Reputación	330
ElEgólatra	331
No Dejes De Ser Mi Amiga	332
Neodecadencia	333
Lo Que Grito A Solas	334
Mentira En Celofán	335
Apología Inerte	336
Odisea Privada	337
Historia De Un Beso	338
Perderlo Todo	339
Pequeñas Cosas	340
Batalla De Amor	341
Nuestro Secreto	342
El Peligro Viste De Rosa	343
Tres La Pareja Perfecta	344
Aniquilado	345
La Rosa Negra	346
Motivos Para Amarte	347
A Nada	348
Al Fin y Al Cabo	349
Veintiséis Cuadras	350
Nuevo Camino	351

Colosal	352
Promesa # 3	353
Traviesa	354
Detrás Del Sol	355
Oscuro Sueño	356
Cuando Ella Llora	357
A La Mujer	358
El fantasma De Tu espejo	359
Amistad	360
La Última Caída	361
Verano	362
Promesa # 4	363
Fuimos Hechos Para Amar	364
El Gatito	365
No Te Engañes	366
Acusaciones	367
Dragón Del Sueño	368
Escena Perfecta	369
Que Fácil Fue	370
Sin Más Ni Más	371
Mal Comportamiento	372
De Verdad Te Necesito	373
Cerrar La Puerta	374
Ilegalidad	375
Solo Una Chica Bonita	376
Perdimos La Guerra	377
Asfixia	378
La Última Profecía	379
¿Tú También?	380
"El" La Espera	381
Así Fue	382
El Emisario	383

La Prueba	384
Sin Duda Alguna	385
Cuando Cae La Noche	386
Quimera	387
Sin Justificación	388
Culpa De Nadie	389
Duras Palabras	390
Metamorfosis	391
Momentos Para Siempre	392
El Faraón	393
Obsesión	394
Entre Tú y Yo	395
La Perla	396
Tierras Vírgenes	397
Champagne	398
Decisiones	399
Por Ser Así	400
Sin Mesura	401
Eso No Se Piensa	402
Promesa # 5	403
El hombre Del Corazón De Hielo	404
Fabulas Americanas # 1	405
Cuarto Blanco	406
Incomprensión	407
Alcanzando Destino	408
Un Bicho Raro	409
Quisiera Supieras	410
Decir Sin Hablar	411
¿Tú Que Dices?	412
El Amor, El Cazador	413
Un Golpe Certero	414
Ver La Luz	415

Es La Vida	416
Noche De Amantes	417
Hazlo Simplemente	418
Una Nueva Raza	419
Para Ginger (II)	420
Dolor Sobre Dolor	421
Qué No Te Pase A Ti	422
Suele Suceder	423
La Gran Mentira	424
Buscando La Razón	425
Una Aventura	426
No Tengo Un CD	427
El Príncipe Blanco	428
Trampa Visual	429
Creciendo Un Poco	430
Página De Un Diario	431
Encanto Lunar	432
Nido De Víboras	433
Cuando Hay Amor	434
Tenochtitlan	435
Pasión	436
El Teatro De La Vida	437
Promesa # 6	438
Sola Tras La tempestad	439
La Esperanza	440
Misericordia	441
La Apuesta	442
Esperando	443
No Me Haces Falta	444
Te Has Ido	445
Contra Mi Mismo	446
Desátame	447

Tonto Juego	448
Acto Sensual	449
Pregúntame	450
No Es Mi Deseo	451
Cuento Corto	452
Nada	453
Sendas De Amor	454
Acércate	455
Guerra Secreta	456
Una Lejana Esperanza	457
Fémina	458
Luto En El Valle	459
Gladiador	460
La Victima	461
Renacimiento	462
Pienso En Ti	463
Nace El Hombre	464
Promesa # 7	465
Días De Tormenta	466
Dudas	467
Angustia y Temor	468
Juventud De Fuego	469
Amigo	470
Caminos Torcidos	471
El Error	472
Principio y Fin	473
Nuevo y Puro	474
Camino Al Olvido	475
Un Continente	476
Tu Espalda	477
Verdadero	478
Cuéntales	479

Cuando Otro	480
Madre	481
Dime Que No Es Cierto	482
Coplas Tristes	483
Tras Tu Inocencia	484
Preludio	485
Acto Criminal	486
¿Qué Sería?	487
La Partida	488
No Voy A Olvidar	489
Garantías Universales	490
No Quiero Saber	491
Si Pudiera	492
Sin Condiciones	493
Promesa # 8	494
Ya Sé Porqué	495
Corazón De León	496
Quisiera Estar Equivocado	497
Estoy Listo	498
Inconsecuente	499
Nada Está Escrito	500
Reprimenda	501
Réquiem Nocturno	502
Promesa # 10	503
Glosario De Términos	I
Biografía Del Autor	I

PROLOGO

Así como todo tiene un principio, esta obra comenzó en medio de la que sería la más importante relación en mi vida por muchos años. Como todos los enamorados que siempre buscan una canción para dedicarle a su novia, ya sea en tributo a la felicidad o la infelicidad experimentada en esos momentos; yo estaba aprendiendo a tocar la guitarra y mi relación atravesaba una etapa de problemas y la consiguiente inseguridad de un futuro junto a ella; quise dedicarle una canción que le dijera "exactamente" como me sentía en ese momento o por lo menos en la mayor parte; así que agarré papel y pluma y me senté una tarde a escribir; el resultado fue: "No puedo Dejar De Soñar"; mi primera composición la cual fue un rotundo "triunfo" (personal), según se vea, ya que conseguí mi propósito de decir lo que sentía y segundo porque ¡la hizo llorar!, creo que en ese momento no me preocuparon mucho sus lágrimas; creo que por dentro estaba yo experimentando un sentimiento de satisfacción al pensar que había sido capaz de transmitir mis emociones a una tercera persona, ya no eran solo un montón de palabras en una hoja de cuaderno; era el principio de un extraño e íntimo viaje personal para mí; ¡era un reto!, expresar todas mis emociones, creencias, desilusiones y sueños y exponerlos al mundo entero para descubrir si había "alguien más" que entendiera o se sintiera un poco o un mucho como yo; en ese momento murió la parte de mí que quería aprender las canciones populares y nació el poeta y compositor que vivía en mí. Dejé de escuchar la radio en Español, según yo para no "contaminarme" de lo que oyera y pudiera influenciar mi subconsciente (¡qué tontería!), pero bueno se trata de ser sincero; y eso fue lo que sentí en aquellos días; así que solo escuchaba estaciones de radio que tocaban música en Ingles;

como no entendía nada de lo que decían en ellas pues no me afectarían mentalmente pensé.

Aproximadamente las primeras 100 composiciones de esta antología fueron hechas pensando en usarlas como canciones; escribí unas cuantas letras que son del genero cómico, no todo en la vida es seriedad, hay que reír un poco de vez en cuando; al pasar los años creo que mi interés y tiempo para tocar la guitarra fueron disminuyendo hasta que eventualmente escribí solo por escribir; recuerdo que me obsesioné con describir lo que sentía, vivía, soñaba y a veces lo que veía que otras personas estaban experimentando en sus vidas y que de alguna manera me movió a escribir acerca de ellas.

En 1988 cuando emigré a los Estados Unidos hubo momentos en los que me sentía asfixiar, casi morir de tristeza, quería volver a mi tierra, donde estaban mi madre, mis hermanos, mi familia y mis amigos, quería seguir escribiendo pero me sentía vacío, la inspiración me había abandonado; fue entonces que le pedí y le hice la promesa a Dios que si me devolvía la habilidad de seguir escribiendo y me permitía llegar a 500 composiciones le escribiría diez a "El" y que la última seria para "El"; creo que también me prometí escribir está ultima en mi lecho de muerte, un último pensamiento con todo mi amor y agradecimiento para mi Padre que está en los cielos; esa es la razón por la cual dejé de escribir hace muchos años. Quizá algún día le pida a Dios que me permita seguir escribiendo, por lo menos otras 500 más; por el momento aquí les abro y les comparto mi corazón sin restricción alguna; sincero y verdadero cual es y será hasta mi último aliento.

V.Z.

No Puedo Dejar De Soñar

Es la historia de un sueño
que no pude realizar;
todo comenzó al conocerte,
sabía que no te merecía.

Entre en un juego peligroso,
perdí algo muy valioso;
ya no servía arrepentirme,
la suerte me había abandonado.

Pero no puedo dejar de soñar.
pero no puedo dejar de soñar.

El día que te fuiste de mi lado
lágrimas mis ojos traicionaron;
llevo un beso inolvidable de ti,
aquel primero que robé de ti.

Salí a buscarte en la noche,
pregunté a las flores y a la luna (por ti)
las estrellas con envidia me decían:
"no la mereces, eres basura",
"no la mereces, eres basura".

Pero no puedo dejar de soñar.
pero no puedo dejar de soñar.

Tal vez después de algún tiempo
nuestras vidas se vuelvan a cruzar;
quizá tú me hallas olvidado,
quizá yo despierte entre tus brazos.

010384

Aquí No Hay Lugar Para Terceros

Deja ya
de preguntar a los demás,
lo que debes o no debes hacer,
¿qué saben ellos de tu intimidad?

Deja ya
de buscar quien te quiera aconsejar,
una opinión y un punto de vista
son solo una excusa para criticar.

 Si te va bien,
"ellos" se harán responsables,
si te va mal,
te dirán que "porqué" caso haces.

Tus amigas no deben
ni pueden decidir por ti,
úsalas como desahogo
o al final te van a confundir.

Deja ya
de hacer tu vida un asunto social;
el preguntar no es pecado
pero a tu corazón... ¿cuándo escucharas?

Si te va bien...

032084

¿Quién?

Es una mañana triste,
el silencio es mortal;
tus amigos y los míos
alejarán la soledad.

Vidas corriendo como ríos,
nunca darán marcha atrás;
eterna película de recuerdos
que jamás regresarán.

Cuídate y no te preocupes,
por favor no mires atrás;
cada segundo, minuto y hora
mi corazón no cesa de preguntar.

¿Quién estará a tu lado?
¿quién?, quisiera saber,
¿"qué" nos ha separado?
¿alguien robó tu cariño?... ¿Quién?

¿Habrá en este mundo
alguien que te ame más?;
tortúrate con la duda
y prohíbeme verte jamás.

Siempre después de un adiós
alguien acaba muy mal;
tomamos la decisión,
yo te quiero preguntar...

¿Quién estará a tu lado?...

032284

Crueldad

Hoy toda ha terminado;
la luz que seguía se apagó;
la rosa se ha marchitado,
necesitaba amor;
cruel muy cruel ha sido
la mujer que amo,
su adiós tan repentino
me ha dejado destrozado.

No podré seguir,
no podré vivir;
te amo y te amaré
por siempre mi niña.

Mortal solitud me ha abrazado,
"¡espera, no digas adiós!"
fue un ruego ignorado,
mares de confusión;
parece que ya no importa,
parece no tener caso,
pero este corazón me exige
que vuelvas a mi lado.

No, no me olvides,
no, no lo hagas,
no me dejes aquí...
piensa un poco en mí.

No podré seguir...

032584

¿En Dónde Nos Equivocamos?

En un huracán de indecisión
hemos quedado atrapados;
a veces tú, otras yo,
no dejamos de culparnos.

Jugamos al gato y al ratón
creyendo que así maduramos;
loca y loco en discusión,
inútil es el lastimarnos.

¿En dónde nos equivocamos?
¿al conocernos?, ¿al acercarnos?
no lo sé;
¿en dónde nos equivocamos?
¿al intimidar?, ¿al hablar de más?
¿qué hacer?

Algo falló en nuestra relación
sin saber cómo, vamos hacia abajo
y sin aparente razón,
el amor se va acabando.

¿En dónde nos equivocamos?
¿al conocernos?, ¿al acercarnos?
no lo sé;
¿en dónde nos equivocamos?
¿al intimidar?, ¿al hablar de más?
¿qué hacer?

010485

Seguir Sin Ti

Seguir sin ti
es nadar con las manos atadas,
es darse cuenta
que nada me importa;
las horas doradas,
las horas a solas.

Seguir sin ti
es ver todo gris... sin gracia;
es correr por la vía
con el tren en contra;
promesas tiradas,
promesas impropias.

Quisiera esta noche
dormir y no despertar jamás,
¡acógeme eterno sueño!;
quisiera cambiar mi nombre,
romper mi promesa
e irte a buscar;
¡Dios yo quiero...
más no puedo!

Seguir sin ti
es ir a ciegas en "zona minada";
es envejecer un año
en una hora,
imágenes clavadas;
imágenes dolorosas.

Quisiera esta noche...
030484

¿Porque Mentiste Así?

Cuando te marchaste
creí lo que decías,
¿por qué me juraste
que regresarías?

¿Por qué me mentiste así?,
¿por qué me engañaste a mí?

-El tiempo pasa y yo aquí,
amor no sé qué hacer sin ti,
dijiste que vendrías a mí,
prometiste enseñarme a vivir.

¿Por qué mentiste así?,
¿por qué mentiste así?,
¿qué hacer sin ti?,
¿qué hacer sin ti?

No tardes porque aquí, yo siento morir,
deja ya de buscar lo que no vas a encontrar,
quisiera ir hacia ti y ver si eres feliz,
sabes que no puedo... tengo que esperar.

Me dejaste solo,
nada te importo;
ahora estoy vacío
aun triste por tu amor.

Es difícil comprender,
pero así tiene que ser...

¿Por qué mentiste así?...

041885

Esperaré

Te conocí
y no se "porque"
ya estremeciste mi frio latir;
me acerco
y me alejo cauteloso,
aunque siento que confías en mí.

Ojos que prometen
y castigan,
un cálido preámbulo amoroso;
me haces sentir
que dentro de ti,
me espera un tren a algo muy hermoso.

Esperaré
impaciente el momento
que tus labios
me den la bienvenida;
mientras tanto,
te mostraré contento,
que para ti
me preparó la vida.

Tienes manos frías
las he tocado,
señal que tu corazón lleva mi nombre;
tu mirada dice:
"!no te detengas!",
por eso confiado provoco el roce.

Esperaré...

052785

La Niña Que Toca El Alma

Una flor en un desierto,
un calor preso interior,
besos, caricias, recuerdos,
una dulce intoxicación.

Cenicienta de mis cuentos
que me abraza de ilusión,
en sus manos está el cielo,
promesas mutuas de amor.

La niña que me toca el alma,
la niña que me toca el alma,
sobran las palabras
para el sentir expresar,
sobran las palabras
cuando dejas el alma hablar.

Un poema imperfecto,
para "ella" con mucho amor;
desatados pensamientos
para "ella" con todo el corazón.

La niña que me toca el alma...

060485

No Quiero Llamar Amor

Se apagan los sonidos
que envuelven mí alrededor;
cierro mis ojos... me estremezco,
una fría caricia, un nocturno rumor.

Solo en medio del parque
me quedé al decirte adiós;
necesito pensar, necesito saber
que anda mal entre tú y yo.

No quiero llamar amor
a una costumbre solo de vernos,
no quiero llamar amor
al miedo a la soledad... ¡no quiero!

Últimamente nos pesa convivir,
tras una caricia una pelea;
¿vale la pena callar y sufrir?,
tenemos que hablar sin darle vuelta.

Una conocida caricia
de mis pensamientos me arrancó;
un dulce beso y una mirada,
seguro piensas lo mismo que yo.

No quiero llamar amor...

062285

¿De Que Sirvió?

Tú querías que yo te diera,
 querías que solo "yo" cediera;
muy "personales", tus planes eran,
¿de qué servía que yo sufriera?

Me utilizabas, yo lo ignoraba,
fuiste egoísta, yo te adoraba,
y si deseabas que esto acabara,
¿por qué la mentira?, ¿para qué la farsa?

¿De qué sirvió todo mi esfuerzo?,
¿de qué sirvió darte mi vida?,
¿de qué sirvió luchar por ti?,
¿de qué sirvió resignarme a dejar?,
mi vida antes que te conocí
y mi corazón castigué por ti.

Nunca dejaste de ser tan libre,
quisiste vivir una doble vida;
que seas feliz, que "compañía"
ya encontraste, hoy es tu día;
y "ese"... no seré yo,
y "ese"... no seré yo.

Tantos secretos que yo ignoraba,
te aprovechaste que yo te adoraba;
estabas conmigo pero buscabas
calor de otro...¿para qué la farsa?

¿De qué sirvió todo mi esfuerzo?...

062685

Tu Parte

Ya puse el corazón,
empujando día con día
con todas mis fuerzas;
me consta que amar
es sacrificio
sin límite y sin medida.

Y cuando me equivoco
siempre me disculpo;
no he perdido la esperanza,
creo y por eso rezo;
"El" es testigo...
caigo y me levanto enseguida.

Qué dices...
¿cuándo te toca a ti?,
luchar, sufrir y aprender;
necesitas hacer tu parte,
sin ti el amor deja de ser.

¡Ayúdame por favor!
solo juntos lo lograremos,
no huyas a los problemas,
no podemos ignorar,
un esfuerzo te suplico;
no todo es miel en esta vida.

Qué dices...

063085

Somos Uno

Me tomas de la mano,
me sonríes y te acercas,
nuestros labios se juntan
en otra muda promesa.

Sin decir una palabra,
yo te prometo amarte
y sobre todas las cosas,
respetarte y cuidarte.

Y tú me prometes a mí,
tu amor y tu compañía,
apoyo, cariño y calor
que dure toda la vida.

Sin importar el lugar
siempre juntos los dos,
dando todo sin límites
sin importar la situación.

Un beso y otro más,
dos miradas hablando;
el mundo es nuestro
una pareja amando.

Y seguimos sin soltarnos,
tú platicas, yo escucho
y otra vez te acercas,
otra caricia, otro beso... somos uno.

070885

Carolina

No insistas
en sacar de mi cabeza
que tú eres un ángel
y que estas aquí por traviesa.

Nadie como tú,
cumple sus promesas,
ni abre el corazón
sin medio a las tormentas.

Carolina,
no cambies jamás,
Carolina,
tú forma de querer.

Admiro tu sed de libertad
y tu lealtad de mujer;
también tu ternura al amar
y el hechizo de tu piel.

Me asombran
tu valor y tu paciencia
y me llena de emoción
a veces tu inocencia.

Carolina...

071685

Bomba De Tiempo

De ayer a ahora
cambiaste por completo;
pensativa a toda hora,
deprimida todo el tiempo.

Mis palabras...ignoras,
en tu ensimismamiento;
me intriga entre otras cosas:
¿a dónde van tus pensamientos?

No te obligo
a romper el silencio
pero me invade
un creciente miedo
a la destrucción
de los sentimientos;
estamos creando
una bomba de tiempo.

Tú y yo en la cuerda floja
atravesando duros momentos;
a mí me duele y a ti te agobia,
nos destruye algo que no entendemos.

No te obligo...

072485

Ladrón Por Ti

Eres sin duda la razón
de mi gran felicidad;
razones y motivos que hoy quiero
con un "regalo" premiar.

Esperé la negra noche
para una estrella robar
pero la luna me descubrió
y la tuve que regresar.

Me volví ladrón por ti,
me volví ladrón por ti.

Robé hermosos paisajes
que no pude transportar;
y un rayo de sol
que me agujero el costal.

Un haz de arcoíris
y un eclipse solar;
cosas que el dinero
no podría jamás comprar.

Me volví ladrón por ti,
me volví ladrón por ti.

Del cielo y del mar
nada pude robar;
lo único que puedo ofrecer
es algo muy personal.

Abre tus ojos, mira a tu ladrón,
abre el alma y toma lo que te doy;
¡es simplemente mi amor!,
¡es simplemente mi amor!　　　080185

Ven a "El"

Desde aquí,
desde allí;
puedes ver la luz
que va hacia ti.

Siente en ti
que vivir
es creer y estar
siempre con "El".

Por su amor
su hijo dio;
búscale
"El" te salvará.

Eres tú
su creación,
la gran obra
de nuestro Señor.

"El" en ti
tiene fe;
no te pierdas
que tu ángel llorará.

"El" por ti
su hijo envió;
síguele
porque "El" te guiará.

Eres tú...

092185

Si Estás Enamorada

Si al tomar tu mano,
sientes la emoción,
si al tocar tú pelo
vibrante excitación.

Si al besar tus labios,
dulce sensación,
si al rozar tu cuerpo,
pasión en erupción.

Sientes el amor,
vives por amor;
^ entonces estás enamorada,
sin duda muy bien amada;
hay flores, luz y color,
palabras llenas de amor.

Si al oír mi nombre,
te salta el corazón,
si al mirar mis ojos,
sientes lo mismo que yo.

Sientes el amor...

070385

Me Hice El Loco

Estaba esperando a mi chica,
estaba esperando a mi chica;
pero de repente,
pero de repente... ¿qué pasó?

Sentí que la piel se me enchinaba*,
la boca seca y la sangre congelada;
un ángel frente a mí,
un ángel frente a mi... ¿y qué le dije?

Le dije todo con la mirada,
porque mi boca quedó cerrada;
me cerró el ojo,
luego me sonrió... ¡qué bien!

En eso que llega mi chica
y yo no sé qué hacer;
me hice "el loco",
al ángel volteé a ver... ¡se fue!

Sudaba y no sabía que decirle,
en premio recibí una bofetada;
me hice "el loco",
me hice "el loco"... ¡me perdonó!

Estoy muy contento con mi nena,
porque a ella la quiero de verdad,
ya me perdonó,
ya no me hago "el loco"... ¡qué va!

100185

Tú Lo Quieres Así

Se me acaba la vida
por quererte a ti;
se me fue el sueño
y las ganas de vivir.

Viviendo entre las sombras
solo con mi dolor,
te escribo alguna carta,
luego una triste canción.

No puedo estar a tu lado,
no porque no quiera,
no porque no pueda;
si no porque tú
lo quieres así,
tú lo quieres así.

Tu repentina partida
paro brutalmente el reloj;
niña, el tiempo se agota,
empieza a secarse mi corazón.

¿Qué te obligo a hacerlo?,
¿porque tiene que ser así?,
¿acaso mi amor no importa?,
¿qué más quieres de mí?

No puedo estar a tu lado...

102185

Vuelve

Amanece tras el vitral
y no quiero ser despertado;
me levanto con ganas de amar,
pero tú no has regresado.

Me abate tanta soledad,
voltea y toma mis manos
y prometo no volver a fallar,
regresa aún es temprano.

Me pediste te dejara volar;
como negarme te amo tanto,
no quise hacerte llorar,
no pude seguirte los pasos.

¿Amor donde te encuentras?,
¿estarás sonriendo, estarás llorando?;
si aún es mío tu corazón,
vuelve amor te estoy esperando.

Anochece tras el vitral
y la penumbra me ha abrazado;
frente a la puerta en un sofá,
te espero, te añoro... te llamo!

¿Amor donde te encuentras?...

032185

Voltea Para El Otro Lado

Si al caminar por las calles
ves a alguien buscando problemas,
voltea para el otro lado;
si alguien te insulta al mirarte
o escuchas ofensivas palabras,
voltea para el otro lado.

Si un ave cae a tus pies
víctima de la mano del hombre,
voltea para el otro lado;
si tu mala suerte te tiene
rodeada de vicios y vagos,
voltea para el otro lado.

Voltea para el otro lado,
vive tu vida e ignora lo malo;
voltea para el otro lado,
cuida tu alas, sigue volando.

Si la noche te trae pesadillas
y las noticias revientan en sangre,
voltea para el otro lado;
y si la lengua de una serpiente
te quiere engañar con sucios consejos,
voltea para el otro lado.

Si tus caminos diarios
arden con depresión y violencia,
voltea para el otro lado;
si escuchas disparos... luego "sirenas"
agradece a Dios que estas viva
y voltea para el otro lado.

101685-R-061393

Somos Humanos

Pensando mil cosas,
noches y días de insomnia;
¿dónde fallé?... ¿dónde fallé?
infinitas se vuelven las horas;
solo pienso en ti,
solo pienso en ti.

Me ahogan los remordimientos,
dormido o despierto que importa;
¿dónde fallaste?... ¿dónde fallaste?
el silencio quema y reprocha;
solo pienso en ti,
solo pienso en ti.

Cuando un camino se divide en dos,
cuando soltamos ambos las manos,
cuando un destino se parte en dos,
ambos fallamos... somos humanos.

Tarde para arrepentirnos,
fueron dolorosas últimas horas;
¿dónde fallamos?... ¿dónde fallamos?
la indiferencia todo devora;
solo pienso en ti,
solo pienso en ti.

Cuando un camino se divide en dos...

102985

Agnosia

Atorado en el umbral,
miro todo, sigue igual;
monotonía es amar,
para algunos es letal.

Compasión que es falsedad,
tiene "precio" la amistad;
un "imperio" llamado "sociedad"
donde el sexo es deidad.

El "Poder": única ley,
la "Pasión": pulcra virtud,
la "Riqueza": religión,
la "Pobreza": esclavitud.

El oro ya tiene su altar,
la justicia ciega está,
obsesión es blasfemar
y abusar la libertad.

Pelear, robar, matar,
para el hombre es "natural";
agnosia que nos llevará
al eutanásico... final.

112085

Juventud Soñadora

Todo tiene un comienzo
y ya comenzó lo nuestro;
como un romance de cuento,
una "princesa" y su "caballero".

Dos diferentes pensamientos
pero con afines sentimientos;
abrazos, caricias y besos,
compartiendo cada momento.

Sabemos que nada es eterno
por eso
no perdemos el tiempo;
pasión derritiendo hielo,
viviendo aprisa
pero sin excesos.

Inmortales encuentros,
evitando los desacuerdos;
imparables son los deseos,
no existe duda, no existe miedo.

Sabemos que nada es eterno...

120285

Levántate Amigo

He oído a mis compañeros
hablar de su infierno,
como el más doloroso lugar
que estruja los sentimientos.

Recuerdos que queman intensamente
devorando imposible sueños,
donde se vive una eternidad,
las fallas, errores y remordimientos.

Pero hay un lugar peor yo juraría;
es uno que está más abajo que este,
allí no son solo recuerdos y pesadillas,
allí se vive en carne viva consciente,
donde el dolor secuestra la huida;
donde "ella" es amada en presente
por otro, mientras tu en la esquina
cierras los puños y aprietas los dientes.

La tortura de no saber nada
es placer comparado a este suplicio;
aviso te doy mejor ahogar recuerdos
hay peores males... ¡levántate amigo!

120185

Eso Prueba Que Hubo Amor

No puedo olvidar,
separarnos fue un error;
como yo sufres igual,
eso prueba que hubo amor.

Tú no puedes olvidar
ni mis besos, ni mi voz;
en tus sueños me amas más,
eso prueba que hubo amor.

No puedes olvidar
que me diste el corazón
en secreta intimidad,
eso prueba que hubo amor.

En tu espejo me verás,
yo en las noches gritaré,
cuando a solas llorarás,
yo llamándote despertaré...

Eso prueba que hubo amor,
eso prueba que hubo amor.

Tú no puedes olvidar,
yo te hice una mujer;
si nos duele a los dos,
eso prueba que hubo amor.

En tu espejo me verás...

121085

Jamás Bienvenido

En noches sin luna,
escapo de mi prisión fría
y me pierdo en la "jungla";
otra noche de cacería.

En calles oscuras,
locos con sus sombras "platican",
incomunicación desatada;
escondo un corazón en ruinas.

Los extraños son jamás bienvenidos,
viajero de mundos de sueños,
atrapado en el ojo del huracán,
lava por dentro, mirada de hielo.

Tanto, tanto amor
forjado entre sutiles mentiras;
rincones vomitando solo engaños,
reventando corazones noche y día.

Mismo sol, misma luna,
tierra por diseño agresiva;
es hora de volver a mi cueva,
solo otra vez, sin compañía.

Los extraños son jamás bienvenidos...

12285

Nadie Más

Noches frías y sin sueño,
escuchando hablar al viento
lo que sabe de ti;
de recuerdos me alimento,
fui el esclavo, ella el dueño,
en sus brazos me rendí;
un guerrero que en su intento,
es vencido y paga el precio,
todo llega a su fin;
ella ya se encuentra lejos,
en mi alma hay un gran hueco,
nadie más estará allí.

Nadie, nadie más,
será lo que fue ella,
una luz fugaz,
esperanza y promesa;
nadie, nadie más
como tu mi sirena,
la luna desde allá
llorará por mi pena.

No más oscuros misterios
ni rebeldes pensamientos,
ya no soy así;
vagabundo y pendenciero,
todo para ser primero,
pero al final... perdí;
hacia un futuro encuentro
se prepara el sentimiento,
¿volverás a mí?;
preparado hoy te tengo,
un rincón del universo,
donde te haré... feliz.
010486

Cerca Del Fin

Aquellas horas rosas,
han muerto
y una confusa tempestad
nos ha envuelto.

El brusco despertar
a un sueño,
espejo de egoísmo
y de celos.

Debimos haber sacado
del agujero
la desconfianza que nos quemó
como el fuego.

Y aunque bien adentro,
el amor,
se niega a morir;
tú y yo no podemos
detener
el inminente fin.

No hemos dicho adiós,
es cierto;
pero no podemos comenzar...
de nuevo.

Y aunque bien adentro...

010686

Apocalipsis

Luz roja: Peligro

La paloma herida de muerte
busca refugio entre las ruinas,
que ayer habitaban valientes,
un último aliento de justicia.

Cuerda floja: Alerta

La serpiente busca a la paloma,
leyes injustas, sociedad corrompida,
veneno mortal el fanatismo político,
verdad ahogada entre filosas espinas.

El hilo se romperá algún día:
un apocalipsis, una revolución,
una luz buscando salida,
un pecado... una rebelión.

Ley nula: Raciocinio

Voraz hambre de algún aliciente,
¿por qué seguir esta obscena mentira?,
¿por qué seguir apretando los dientes?,
¡e ignorar lo que pasa en las ruinas!

El hilo se romperá algún día...

011185

No Seas Así

Amor, no, no me mires así,
que no es mi culpa, el amor es así,
no es que me olvide a veces de ti,
trabajo y tareas me alejan de ti.

Olvídate de maltratos, acércate a mí,
ven sin reproches y regálame un beso... ¿sí?
yo no me olvido ni un momento de ti
y es que tampoco puedo vivir sin ti.

No debo con otras chicas vacilar,
perdona que ayer no te pude llamar,
como crees que te podría olvidar,
no te enojes que me siento mal.

No, no, no, no seas así,
no, nena, no, no seas así,
no, no, no, no me mires así,
no, nena, no me trates así.

Y te prometo pasar puntual por ti,
nena te llevare a cenar por ahí,
luego de rodillas te voy a pedir,
que no, que no, que no seas así.

011386

Perdido

Perdido en las garras
de tu amor,
total sumisión;
fiel cautivo
de tu pasión,
dulce prisión.

Amante que robó
tu corazón
y al suyo lo unió;
efímero espejismo
de una ilusión
que se esfumó.

Ahora que el tiempo se ha llevado
noches de pasión, besos y rosas;
por lo que soñamos y luchamos,
futuros planes, intenciones hermosas;
ahora son humo sin ti,
ahora son humo sin ti.

Mutua destrucción,
solo es dolor,
¿qué sucedió?;
de pronto el sueño
se desvaneció,
un suspiro se volvió.

Ahora que el tiempo se ha llevado…

012186

Aquella Estrella Eres Tú

En la noche tibia,
tú y yo abrazados,
mirando al cielo las estrellas
me hablas al oído y me preguntas:
"¿cuál de aquellas soy yo?",
"¿cuál de todas soy yo?";
^ la más grande y más bella,
tú eres esa estrella,
la más alta y serena,
tú eres aquella estrella.

Así pasaron más noches
en que tú y yo nos amamos,
aquellas noches tibias,
tú y yo abrazados;
mirando al cielo las estrellas
me hablabas al oído y preguntabas
que cual de aquellas estrellas,
de aquellas tantas tú eras:
"¿cuál de aquellas soy yo?",
"¿cuál de todas soy yo?",
^ la más grande y más bella,
tú eres esa estrella,
la más alta y serena,
tú eres aquella estrella.

012286

Tu Eres Tú, Yo Soy Yo

Yo sé que me miras
de un modo extraño
y desconfiado
y te haces a la idea
de que me has "analizado";
¡mentira!,
tú ignoras mi pasado.

Y mi actitud recriminas
en venganza
a tu cobarde recato,
sé cómo deseas
haber siquiera presenciado;
la gloria y el infierno
que yo he atravesado.

Te vuelve loco la envidia
porque nada puedes cambiar,
tú haces tu vida, yo la mía
y a ti, nada tengo que probar.

Tú haces lo que ordena la nación,
yo simplemente sigo mi corazón.

Tú inventas historias
que solo en sueños
te han pasado;
es obvio que tú y yo
nos detestamos;
anda atrévete a imaginar
lo que yo he saboreado.

012386-R-101591

Ya No Más

Lo nuestro no es amor,
es temor a la soledad;
porque tras lastimarnos
pedimos otra oportunidad.

Lo cierto es que hay dolor
y más nos vale terminar,
antes que surja un rencor
que no podamos remediar.

Ya no más noches compartidas,
ya no más dolorosas despedidas.

Tu cuerpo junto al mío,
ya no más,
con tristeza te lo digo:
ya no más,
ignorados sacrificios,
ya no más,
comienzos ficticios,
ya no más.

Las pruebas duelen,
todo es mutua presión;
y las horas se alargan
para pedirnos perdón.

Ya no más noches compartidas,
ya no más dolorosas despedidas.

020486

No Digas Nada

Me acaricias
tiernamente
y me dices
suavemente.

Que es necesario,
tienes que partir
y que me amas
y vas a sufrir.

No quiero palabras
si en verdad me amas, quédate aquí;
no me digas nada
pues si tú te marchas, nada hay después de ti.

No me mientas
que jamás
aunque jures
volverás.

Perdóname
por insistir
no sé qué hacer
ni que decir.

No quiero palabras...

030386

Más Allá De Las Palabras

Ya te perdí una vez
por una extraña razón
que no he podido aclarar;
pero te jure volver
y la hora ha llegado
para mí de regresar.

Y te haré mía otra vez
tengo todo de mi lado
y no te podrás escapar;
tú me esperas, yo lo sé,
en silencio me sigues amando
y ante Dios no lo puedes negar.

Contra lo que todos pensaron
lo nuestro no fue un "final"
fue una "tregua";
nuestro mundo ha cambiado,
pero tú y yo nos reuniremos
a cumplir una promesa.

Hay algo que debes saber,
aunque a veces viví desesperado,
tú me inspiraste a luchar;
y aunque me verás diferente de ayer,
mi esencia no ha cambiado,
¡ya mañana lo veras!

030786

El Pelo En La Sopa

Todo lo tengo contigo,
buena "maquina"*
y perfecta "carrocería"*;
a veces me das lata
como todo en la vida;
más nena, no te cambiaria.

Tú quieres ser "modelo"
y actriz de las "novelas"
o una sensual artista;
por mí no hay problema
si de tu intimidad es mía
la "entrevista exclusiva".

¡Pero, oh, el pelo en la sopa!,
¡pero, oh, te gustan los perros!,
¡pero, oh, adoras los gatos!,
¡ni me los acerques, no voy a quererlos!

Me gusta complacerte,
tenerte bien "chiqueada"*,
pero no me hables de pulgas
que la piel se me "enchina"*;
regálalos antes me llenen
de arañazos y mordidas.

Pero, oh, el pelo en la sopa...

040886

Quiero Alejarme De Aquí

No me acostumbro
a la oscuridad;
no me resigno
a la soledad.

Esto es un infierno
y es la verdad;
yo solo busco
una oportunidad.

Y es que quiero
alejarme de aquí;
de este mundo
infestado de crueldad.

Estoy harto
de este círculo de falsedad;
donde día a día
crece el odio y la maldad.

La ciencia se ensaña
con la tierra y con el mar;
inevitable eutanasia,
ya no hay marcha atrás.

041186

No Quisiera Que El Sueño Terminara

No esperaba yo
que algún día
a mi loca vida tú llegaras;
que a pesar
de tantas advertencias,
a mi lado te quedaras.

Quiero nuestro amor
sea perpetuado en tierna
y ardiente unión de almas;
quiero que tu cuerpo
y el mío
un solo latido se compartan.

Sé que vas siempre a quererme,
como yo te quiero a ti,
y que pase lo que pase,
a mi lado estarás aquí.

Hemos aprendido
los simples secretos
para mantener viva la llama;
nunca aceptaría,
nunca quisiera
que este bello sueño terminara.

Sé que vas siempre a quererme...

041286

Nuestro Bebé

Ese cuerpo que ayer
lucia esbelto, lo sé;
luce ahora,
como nunca,
mujer.

Y es que dentro de ti
llevas parte de mí;
nuestra sangre,
se comparte,
un nuevo ser.

Nueva vida crece en ti
ya pronto estará aquí;
hermoso va a ser,
inquieto y fuerte,
nuestro bebé.

Si es niña, tan hermosa como tú,
será buena bailarina, la mejor;
y si acaso fuese un barón,
escritor o ingeniero, será soñador.

Déjame abrazarte fuerte,
déjame besar tu vientre;
que ahora duerme
allí adentro,
nuestro bebé.

Si es niña, tan hermosa como tu...

041586

Día a Día

El sol se ocultó
y la noche es fría;
agradezco a Dios
vida otro día.

Tú a mi lado,
tranquila dormías;
te observe pensando,
"¿en qué soñarías?"

De un tiempo acá
seria y distraída;
un frio presentimiento
que algo pasaría.

Y aquella noche mientras yo dormía,
te llevaste más de lo que debías;
amor, ilusiones, sueños, alma y vida,
convertiste en celda mi habitación vacía.

Son noches eternas
de crueles pesadillas;
y aun en mis sueños
te busca mi alma herida.

En aquel café, afuera del cine,
en aquel parque de sueños sublimes,
en aquel rincón de aquel callejón
de caricias limpias... puro amor.

042386

¿En Dónde Estás?

Si tú estuvieras aquí
mi infierno podrías conocer;
entre cuatro paredes vivir,
soy prisionero
de tu recuerdo,
duele vivir.

Si tú pudieras ver,
el vacío en mi corazón;
no te puedo mentir,
espero carta,
una llamada,
te espero a ti.

¿En dónde estás?
¿qué fue de ti?
y tu fantasma
se ríe de mí.

¿En dónde estás?
¿qué fue de ti?
y tú no llegas,
muerto de frio,
estoy aquí.

Si tú pudieras saber,
hasta donde he caído;
sin rasurar, sin dormir,
bebo a diario,
a solas hablo,
debo admitir.

¿En dónde estás?...
042586

Olvidarme De Ti

Quiero escapar la fría oscuridad;
nuestro adiós, tormento sin cesar,
y salgo a la calle, fingiendo paz,
aunque por dentro quiero llorar.

Busco un amigo para platicar;
un intento absurdo para olvidar,
creo que no podré hacerlo jamás;
entre gente o a solas, es igual.

No puedo olvidarme de ti,
infinitas horas pensando en ti;
tu recuerdo no me deja vivir,
no, yo no olvido esa tarde de Abril.

Cuando el sueño se terminó,
cuando tu ausencia todo eclipso.

Cantando y bebiendo intento olvidar
todas las cosas que hice mal;
mi vida daría por otra oportunidad,
y en mis canciones quiero gritar...

No puedo olvidarme de ti...

050286

Porque Esta Noche

Hoy he vuelto y te encuentro,
el sueño se hace realidad;
y me abrazas y me besas,
tienes miedo de soñar.

Yo te amo, es seguro,
ya nada nos separará;
y me cuentas tantas cosas,
tienes ganas de llorar.

Y te beso y te digo:
"No te preocupes más".

Porque esta noche me quedo no me voy,
porque con mi cuerpo calmaré tu pasión,
porque llenaré de amor nuestra habitación,
porque guardaré el tiempo en un rincón.

Porque besaré tus labios con emoción,
porque te escribiré alguna canción,
porque llevaré tu corazón conmigo,
porque contaré las estrellas contigo.

Porque trataré de hacerte olvidar,
porque nunca más,
porque nunca más,
nos podrán separar.

050186

Que Difícil Es

Qué difícil es,
volar tan alto como tú,
soñar contigo y sin ti;
qué difícil es,
imaginar que nada sucedió,
que al volver estarás allí.

Qué difícil es,
caminar solo sin tu mano,
despertar y no verte a mi lado;
qué difícil es,
resignarme a que todo sea así
y dejar tu recuerdo por ahí.

Pero es más difícil
tratar de amar a alguien más;
pero es más difícil
levantarme, caminar... si tú no estás.

Qué difícil es,
ser el mismo de antes,
reír creyendo ser feliz;
qué difícil es,
mirar a través de una lágrima,
negar que estoy hecho de ti.

Qué difícil es,
creer que mañana saldrá el sol,
alegrar esta fría habitación;
qué difícil es,
cantar algo que no sea para ti,
oír tu nombre y no pensar en ti.

050586

Lloraste Una Vez

Lloraste una vez,
más que de amor,
de angustia,
más que por despecho,
por dudas;
cruel incertidumbre,
quemante cual lumbre.

Lloraste una vez,
más que de amor,
de miedo,
más que por coraje,
por celos;
dolor del que descubre
lo que otro encubre.

Lloraste como se llora
una vez en la vida,
parecido al llanto de muerte
con una intensidad más fuerte,
lagrimas llegando a tus labios,
sollozos que rompen el alma;
pero Dios te ha escuchado
y las cambiará por esperanza.

Lloraste una vez,
más que de amor,
de desilusión,
más que por pena,
por un roto corazón;
¿por qué unos aman y otros sufren?,
porque muchos prometen y no cumplen.

041686

Primer Amor

(1) No sé
que me sucede,
que me detiene,
quiero decirle
cuanto le amo;
pero no puedo,
me falta valor.

(2) Y que ella
es tan bonita,
tan delicada,
pero no sabe,
cuanto le amo;
es el más grande
primer amor.

(3) Y es que yo,
 me siento tan tonto,
me siento tan poco,
y es que a mi edad,
no es nada fácil;
si mamá supiera,
¿qué diría?

(4) Y ya no estudio,
y eso no era,
y es que la veo
tan preciosa;
y en mi cuaderno
dibujo
un corazón.

(5) >Si yo ya sé,
que ella es más grande
y tan delicada;
pero un niño
que se enamora
de su maestra
de Español.

(6) >No mide edades
y en sus adentros,
su vocecita
se disculpa
diciendo:
"No hay edad
para el amor".

(7) Cuando sea grande
como mi padre,
no callaré;
la invitaré
a pasear
y una flor
le compraré.

(8) Es tarde ya,
entra mamá
y con un beso
me dice:
"Duérmete ya
porque mañana
hay que estudiar".

050986

Te Amaré Tanto Mas

Por abrir a mí tu corazón,
por tu dedicación desinteresada,
por tus sinceras palabras;
por darme más y más amor.

Por tu inocencia y tu pasión,
por tu sonrisa en las mañanas,
porque si no llamo me extrañas;
por darme más y más amor.

No creo en los "finales"
y de este modo te amaré;
es promesa atada al sol
que desconoce oscurecer.

Por tus besos, tu candor,
fuego eterno para mi alma
que aleja los fantasmas;
por darme más y más amor.

Por el sabor de tus labios,
por las sorpresas que guardas,
porque jamás demandas;
por darme más y más amor.

051286

Ven

No tengo porque mentir,
es cierto aún te amo,
y si no te busco, ni te llamo
es que estoy harto de reñir.

El pelear, celar, herir,
al sentimiento han lastimado;
ya te dije que aún te amo,
pero es hora de decidir.

Dejemos pasar los difíciles días,
por nuestro bien;
toma tu tiempo, no tengas prisa,
ya en la calma...ven.

Ven sin reproches,
ven sin rencores,
ven y no para pelear;
si aún me amas,
deja en casa eso y más.

Ven olvidando el pasado,
ven dispuesta a comenzar,
ven deja el pasado atrás;
si me amas,
no temas, lo nuestro vivirá.

Dejemos pasar los días difíciles...

051386

Que Si, Que No, Que Tu, Que Yo (1)

Escucha por favor,
necesito que comprendas,
nadie manda en el corazón.

No hablo de pasión,
desearte no es amarte,
y eso no sostiene una relación.

¿Que si me burle de ti?
que no te di comprensión,
que tú te sientes morir,
que yo jugué con tu "amor".

No detengas el reloj,
qué tiempo necesitarás,
para recapacitar tu error.

Me conmueve tu dolor,
pero no te voy a mentir;
no te diré que esto es amor.

Adiós, perdón, no quiero herirte más,
me voy, es mejor, no puedes comprender,
que a "amar" a nadie puedes forzar,
que tú y yo, nos gustamos nada más.

051586

Que Si, Que No, Que Tu, Que Yo (II)

Que si, que no, que tú, que yo.

Que si te llevo al cine,
que no quiero estudiar,
que tú vas a enloquecer,
que yo hago todo mal.

Que si de paseo nos vamos,
que no te gusto el lugar,
que tú odias los pantanos,
que yo no sé "romancear".

Que si no me rasuro,
que no te dejas besar,
que tú detestas la pizza,
que yo te quiero "engordar".

Que si ya hice fortuna,
que no debemos pelear,
que tú te vas a la luna,
que yo ya vivo allá.

Que si el rock me fascina,
que no me debo preocupar,
que tú eres mi medicina,
que yo pronto me voy a curar. (¿de qué?)

Que si salgo con otra chica,
que no lo vivo para contar,
que tú amas ir de compras,
que yo mi auto tanto más.

051886

Ilusión De Amor

Cada noche es más difícil
que la anterior;
mi mente se niega a olvidar,
dura confesión.

El tiempo devora al tiempo,
invisible dolor;
es respirar bajo el agua
sonata de temor.

Tu imagen dondequiera
fantasma de tu amor;
tortura interminable,
tú perpetua aparición.

Ilusión de amor,
te miro aquí, te miro allá;
ilusión de amor,
te escucho aquí, te escucho allá.

Cuantas veces me ha pasado
que de amor trastornado,
otras chicas he abrazado,
creyendo que te he encontrado.

En mil lugares te he observado,
ventanas, espejos, callejones y coches;
creo oír tus pasos, volteo y no estas,
 hasta te siento a mi lado de noche.

Ilusión de amor...

051686

Mi Timidez

Después de cada encuentro
mi conciencia no me deja en paz;
desgraciadamente no soy
quien quisiera aparentar.

Aceptar la realidad me apena,
mi falta de experiencia es fatal;
no me atrevo a tomarte ni la mano,
menos un beso que muero por probar.

El tiempo como agua se me va,
tiemblo y no te dejo de mirar;
el temor no me permite hablar,
los nervios me hacen tartamudear.

Nervioso, temeroso,
¡no soy tonto!, quisiera gritar;
tú tan segura, yo silencioso,
ojala y no te vayas a alejar.

Quisiera poder pedirte ayuda
para mi amor poderte expresar;
quizá hoy en mis sueños lo haré,
al besarte venceré mi timidez.

052086

Tantas Cosas

Hay tantas cosas
que quisiera enseñarte;
tantas travesuras
para convidarte.

Hacerte sentir
que puedes confiarme;
si hay alguna pena
para confortarte.

Tantas cosas
quisiera ensenarte;
tantas cosas,
tienes que quedarte.

No digas: "tal vez",
mañana será tarde;
de nueve a las diez
voy a cortejarte.

Olvida el reloj
y sabré compensarte;
momentos inolvidables
prometo regalarte.

Tantas cosas...

052386

Llueve Afuera

Empieza a caer la noche,
hace un poco de frio;
está lloviendo afuera,
sin embargo...no tengo queja.

Amo la lluvia y sus sonidos;
preparo un café;
siento una paz...
que me abraza.

Pero al mismo tiempo,
ansió tu llegada;
solo unos minutos más,
para verte, mi amada;
y como cada noche,
te recibiré con los brazos abiertos;
y como cada noche,
te robaré un primer beso;
y llegas corriendo
un poco mojada;
con esa sonrisa
que llevo grabada.

Y cuando me abrazas;
tu perfume
y tu suave mejilla...
me encienden el alma;
y como cada noche,
compartiremos nuestros mundos;
con besos y caricias,
sin perder un segundo;
la lluvia
nos invita a acercarnos;
pero entre tú y yo...
ya no hay espacio.   052686

Entérate

Como empezar, no sé,
difícil de explicar, ¿qué fue?,
¿cómo empezó? y ¿por que
tuvo que acabar?

Creo que fue nuestra
forma de ser, una lucha por poder,
lo que acabo cerrando puertas;
anticipado final.

Tarde para cambiar,
tarde para empezar;
tú no sabes perdonar,
yo no sé rogar.

Aunque te extraño,
no te busco, ni te llamo;
qué caso tiene culparnos
y volver a lastimarnos.

Me he alejado, no por
no verte, duele callar;
tus amigas ya lo saben,
¡entérate... es tarde ya!.

Tarde para cambiar...

022086

No tengas Miedo

Pierdes por momentos
la noción del tiempo y te abrazas de mí;
quieres que ese instante
sea perpetuo y te abandonas en mí.

Sé que tienes miedo
de que algo o alguien nos lleve al fin;
un miedo sincero
a que un futuro incierto me aleje de ti.

Y temblar te siento
cual hoja al viento te proteges en mí;
te acojo, te beso
y abriendo mi alma, te hablo así:

No tengas miedo,
nada pasará;
no imagines cosas,
deja de llorar.

Mírame a los ojos
y no podrás dudar;
sécate esas lágrimas,
déjate de preocupar.

Bésame ardientemente,
no pienses en nada más;
yo te prometo que nunca
nada... nos separará.

052986

Una Súplica Más

Perseguida por eternidades,
bajo el mar buscó refugio;
protegida por la luna,
su integridad mantuvo.

Fueron mordidas sus alas,
por las serpientes de Neptuno;
y al resguardo del arcoíris
burló al dragón inmundo.

Hienas de resignación
que no duermen un segundo;
enardecidas esperando
que salgas de lo profundo.

Cuando una estrella se apaga
has llorado su infortunio;
pues ella te ha recordado
la fragilidad de este mundo.

Finalmente hoy resurges
y la paz vuelve a mi alma;
te he extrañado tanto,
no sabes cuánto... "Esperanza".

053086

Ya Es Tarde

Nuestro sueño
a punto
esta de derrumbarse;
nuestras almas
no están
unidas como antes.

Una costumbre
se volvió
nuestro romance;
sin motivos,
sin razones,
sin culpables.

Nena ya es tarde, tarde para volver;
tarde para empezar, el sueño va a acabar.

Eres mi reina,
no dudes,
no quiero engañarte;
pero se ha ido
aquella sed
y deseo de amarte.

Crees que no sufro,
también
me duele alejarme;
sé que esto es duro
pero
es mejor resignarse.

Nena ya es tarde, tarde para volver...

060286

Dicen Qué

Dicen que por ti,
no como, no duermo;
y es verdad.

Piensan que por ti,
estoy loco y acabado;
y es verdad.

Cuentan que sin ti,
no hay noches ni días para mí;
y es verdad.

No me importa
que piensen o que digan
los demás;
yo soy tuyo,
yo te amo,
y eso nadie lo impedirá.

Dicen que por ti,
he tomado y he llorado;
y es verdad.

Cuentan que sin ti,
nada valgo y no vivo;
y es verdad.

No me importa...

060886

Me Tachan De Ser

Me tachan de ser
hombre de costumbres malas;
juro que siento estoy creciendo alas.

Me tachan por ser
brutal en todas mis creencias;
aborrezco la política y las ciencias.

Me tachan de ser
un loco que piensa diferente;
un joven rebelde de alma y mente.

Me tachan de ser,
me tachan de ser;
me critican por eso y más
desaprueban mi libertad.

Me tachan de ser
me tachan de ser
critican por eso y más
le temen a mi verdad.

Me tachan de ser
un poeta en noches de luna;
un pirata buscando fortuna.

Me tachan por ser
el que no calla, caiga quien caiga
y porque no me someto a nada.

Me tachan de ser...

060886

Mariana

Una vez,
otras más;
me das tu amor
sin titubear, hasta el final.

Una vez,
otra más;
me confirmas amor
incondicional, y te quiero más.

Una vez,
otra más;
me invita tu amor
tus labios besar, tiempo de amar.

Para dar y recibir cariño
Mariana
fuiste hecha;
el destino te puso en mi camino
Mariana
eres mi estrella.

Sin ti,
no sabría vivir,
sin ti,
no tendría un mañana,
ven a mí,
Mariana, Mariana.

061286

Las Caras Del Equilibrio

Me diste tu amor
sin condiciones,
sin ninguna clase de trato;
por eso te quiero
sin restricciones,
sin limitación, ni recato.

Y te dedicas a mí
sin obsesiones,
sin un agobio insano;
aprecio tus atenciones,
sin negociar
el equilibrio de lo dado.

Siempre quise una relación
sin "contrato": "lo que tú das yo doy";
sin prometer tener que pagar
toda caricia y todo favor.

Me diste tu amor
sin heroísmos,
sin atarme a tu lado;
pertenencia y libertad
sin restricción,
sin exagerar el teatro.

Siempre quise una relación…

061486

Cita Al Mañana

Ayer cuando fui por mi novia
la encontré en amargo llanto;
le pregunte: "¿qué te hace llorar?",
la abracé preocupado, busqué su mirar.

"Quiero morirme!", ella me dijo
mis padres insisten que eres "malo";
y nuestro noviazgo van a terminar;
es inútil, contra "ellos", no podemos pelear.

No habría batalla, eso era verdad
hervía mi sangre de solo pensar;
ya no te vería, aquello era el final
y ponerte en su contra... ¡eso jamás!

Amor hagamos una "cita" al mañana
y cuando las "sombras" desaparezcan;
por ti, te juro voy a regresar,
y te llevaré al lugar, que hoy salgo a buscar.

No habría batalla, eso es verdad...

061586

Rumores

Sueños engañosos
de un reencuentro;
me hacen abrazar imposibles
fantasías; esperando por ti.

Tu recuerdo
me tiene atado;
tu regreso es poco posible,
más aún estoy, esperando por ti.

El viento trae a mí
aquí y allá aroma de ti;
el viento trae a mí
aquí y allá tu voz.

Rumores, rumores...

Tormentosas noches
sin querer dormir;
arrepentido, he arrancado mi alma,
desesperado; esperando por ti.

El precio de la culpa,
es un remordimiento
que clama otra oportunidad;
se niega a morir; esperando por ti.

El viento trae a mí...

061686

¿Alguna Vez?

¿Alguna vez
imaginaste
que me volverías a ver?

¿Alguna vez
te preguntaste?:
"si sucede, ¿qué voy a hacer?"

Seamos sinceros,
ni tú, ni yo,
lo imaginamos,
ni tú, ni yo;
y hoy frente a frente
nos traiciona el corazón.

¿Alguna vez
nuestras miradas
dijeron tanto como hoy?

¿Alguna vez
creímos ser
más fuertes que el amor?

Seamos sinceros...

070486

Canción Sin Fin

La música
te envuelve así
suave y sugestiva, sí.

Tus labios
me ofreces así
tibios y sensuales, sí.

Déjate llevar con delicadeza
al ritmo que enardece
corazón y piel;
déjate llevar sin inhibiciones
al lugar íntimo que ofrece,
el amor más fiel.

Tu cuerpo
me reclama así,
ardiente y frágil, sí.

Tus manos
en las mías así
compartiendo un latido, sí.

Bailemos
tú abrazada a mí,
esta noche no tiene fin.

Déjate llevar con delicadeza...

071086

El Amor Necesita Ayuda

Cansados de ver
que pasa lo mismo;
a ciegas vamos
rumbo al abismo.

Intentos vanos
tuyos y míos;
hay confusión,
sin más reñimos.

Nos amamos
no cabe duda,
pero el amor
necesita ayuda.

La relación
se vuelve confusa;
para pelear
no nos falta excusa.

Antes que nada,
somos amigos;
libres para expresar
inconformismo.

Yo te propongo
tirar al óvido,
los malos ratos;
de corazón te lo digo.

Nos amamos...

071086

Fue Un 16

Desde aquel día
que no se de ti;
encerré mi alma,
deje de vivir.

Mis carceleros:
el calendario y el reloj;
¿amor no recuerdas
qué día es hoy?

Es 16, no importa el mes,
es 16, estés donde estés,
un 16, nació este amor
es 16, revive este dolor.

¿Ya no recuerdas
los días aquellos?,
¿los aniversarios,
las cenas, los besos?

Lo que desafiamos
por estar juntos;
será que aquello,
¿se ha vuelto humo?

071686

Amor De Niña

Estas letras se las obsequie con cariño a una gran amiga y alguien que estuvo cerca en mis momentos difíciles.

"Gracias Liz"

071186

No Ha Sanado Aún

Ya sé que te es extraña
la forma que me comporto;
pareciera que la llama
del romance no soporto.

Como si de ti escapara
actuando como un loco;
pareciera que me lastimara
intimar entre nosotros.

Es que
no he podido superar,
el amargo
recuerdo de otro amor;
aquello
no fue idilio, fue guerra,
para herir
nunca existió tregua;
a la soledad
la acompaña el dolor
de cerrar
los ojos y voltear atrás.

Aquella herida no sana
y acá en el fondo del pozo,
la luz no me alcanza,
por eso en mí... luego vez "otro".

072086

Cachitos De Amor No Quiero

Tus caricias,
tus besos,
falsos como todo en ti;
tu pasión, tus sentimientos,
solo un acto para mí.

Y mis sueños
se rompieron,
¿cuantas veces en ti creí?;
se acabó mi sufrimiento,
me voy a ir lejos de ti.

Porque cachitos de amor no quiero
porque yo busco amor sincero;
porque no hay motivo para estar aquí,
porque ya no quiero saber de ti.

Tus mentiras,
tus escenas,
fueron "teatro" para mí;
tus entregas, tus promesas,
envoltorio tan sutil.

Porque cachitos de amor no quiero...

072186

Solos Tú Y Yo

Que no siga por favor,
escucho lejana tu voz;
cierras tus ojos
y te entregas al amor.

Cuando solos tú y yo
nos besamos con pasión;
cierras tus ojos
y te entregas al amor.

Se esfuma la inhibición
son deseos sin control;
solo se escuchan
los respiros de los dos.

No le niegues al corazón
estos bellos momentos de amor;
que al unirnos tú y yo
le damos vida a una ilusión;
nuestros besos,
nuestros cuerpos en fusión.

Te seduce la sensación
de la íntima explosión;
cierras tus ojos
y te entregas al amor.

No le niegues al corazón...

072686

Esa Es Mi Nena

Gracias a que estudié arte,
ahora puedo expresarte
lo que siente mi "chucharon"
en "Si bemol" o en "escala mayor".

Ojos bonitos,
boca de fresa,
jeans pegaditos;
esa es mi nena.

Cuerpo de diosa
con minifalda
aroma de rosas;
nada le falta.

Pelo a la moda,
niña de acción,
curvas de sobra
tiene mi amor.

Un poco alocada,
sensual caminar;
mujer delicada
a la hora de amar.

Ojos bonitos...

072886

Mami Regaños

Me dices que no estudio,
que ensucio mucho la ropa;
que soy muy testarudo,
que yo te vuelvo loca.

Me dices que no grite,
que crees que huelo a cerveza;
que arregle ya mi cuarto
que parece zona de guerra.

Yo te quiero mucho, te quiero tanto
pero por favor olvida los regaños.

Que le baje a mi música,
que termine la ensalada;
que salga de la cocina,
de inmediato, con mi guitarra.

Que nunca hago tarea,
ni el cuaderno he estrenado;
ni radio, ni televisión
cuando estoy estudiando.

Que soy todo un vaguito
si desaparezco un "ratito";
que ni vino, ni cigarro
o me quedaré chaparro.

072986

Pequeños Amantes

"El", rebelde de estampa,
"ella", promesa en flor;
lo veía por la ventana,
"el" esperaba en el portón.

La gente entre si comentaba
con extrañeza y admiración;
tras cortinas observaba
la relación de aquellos dos.

Dos niños que se amaban
más allá de cualquier convicción;
el primer beso mezclado con lágrimas,
una promesa les arrancó.

"El" serio le prometió:
"cuando crezca, haré fortuna,
vendré por ti, nos casaremos tu y yo";
"ella" le contesto:
"te creo y confío en Dios,
harás fortuna, yo ya soy tuya, amor"

Uno de "ellos", su familia enfrentaba,
el otro sus padres no conoció;
y antes que a la fuerza les separaran,
se dieron las más grande prueba de amor.

Hoy, la gente habla y extraña
la parejita que a todos conmovió;
"ellos" al final unieron sus almas;
lástima que Dios... les llamó.

080186

Despertar A Una Pesadilla

Llegó la hora
de despertar
para mis sentimientos;
mi juventud
e inexperiencia,
desatados al salvaje viento.

Con voraz
hambre de amar,
todo el día en el intento;
así conocí
caricias pecaminosas
y el éxtasis del primer beso.

Pero nadie
nunca me dijo
que el amor puede matar;
sabemos
y no lo creemos;
el amor es un auto sin frenos.

La primera
lagrima de frustración
llego al veinteavo invierno;
nadie espera
caer en la trampa;
traer el mar e inundar el desierto.

Pero nadie...

080186

Tristeza

Triste pena
sin solución;
algo que quema
tu corazón.

Triste nena
busca otro amor;
si vives presa
sin ver el sol.

Triste pena,
"el" no contestó;
llamadas y cartas
de amor.

Nena tu cuerpo confiesa,
nena tú inmensa pena;
pena que el alma quema,
nena... "el" tiene "dueña".

Triste nena
si "el" se marchó;
olvida la escena,
no merece tu dolor.

Nena tu cuerpo confiesa...

030486

Soledad

A solas
con mi "nueva" amiga;
me esfuerzo
en hacerle creer,
que aún tengo calor
y amor en el nido;
dos cartas al día
a veces le escribo.

En silencio
"ella" observa la escena;
tus recuerdos
regados por doquier;
con "ella" pierdo la cuenta
de hora y fecha;
solo a "ella" le he confiado
mi horrible pena.

Mi amiga
es la soledad,
inmensa calma
que mata y quema;
me destroza
esta tranquilidad;
solo escribo,
le escribo a "ella".

Un huracán
rompiéndome el corazón;
desde un rincón,
tú solo observas;
aunque alrededor
todo es quietud;
eternos segundos
fracturan mi juventud.   080586

Quiero Que Sepas

Solo quiero hacerte saber
que no hay un segundo en mi vida
que no piense en ti;
mi princesa, mi luz encendida.

Quiero que sepas también
que amo tu olor y tu suavidad;
que me encanta tu sonrisa
y tu ternura...te digo la verdad.

Eres mi razón para crecer,
mi inspiración para luchar;
mi compañera, tú eres mujer...
mi canción de cuna;
un tierno sueño de paz.

Solo espero que nunca me falte,
el calor de tu cuerpo junto al mío;
espero que cada beso que te doy
te sepa tan dulce como a mí.

Nunca dejes de ser como eres,
pues amo tu esencia como ninguna;
respeto tus ideas, comparto tus sueños;
mi amor, mi flor, mi aire...mi luna.

Solo espero que nunca...

080986

Tiempo

Si en esta vida
algo me ha faltado;
parece mentira
"algo" tan desperdiciado.

Por soñar despierto
le he menospreciado;
a solas o a tu lado
necesito aprovecharlo.

Tiempo, tiempo,
tiempo para estar contigo;
tiempo, tiempo,
tiempo para hacer mis cosas.

Tiempo, tiempo,
tiempo para ser yo mismo;
tiempo, tiempo,
tiempo para estar a solas.

Tiempo he necesitado,
tiempo me ha faltado.

No quiero ser esclavo
del "tic-tac" patentado;
para mí un solo segundo
es vital a tu lado.

Tiempo...

081286

Paraíso

No quiero robar
las palabras que el poeta
alguna vez usó;
para alabar tu gran belleza.

Pero son pocas
las fuerzas de las letras;
para describir
lo que en mi tu despiertas.

Va del principio
de la vida en la tierra;
a el ocaso
de la última primavera.

Más allá de los versos,
a tus ojos y a tu piel,
a tus manos y a tus besos,
a tus cabellos y a tus pies,
y tus blancos sentimientos
y tus formas de mujer;
del génesis al éxodo,
del nacer, al fallecer.

Va del principio...

081686-R-091391

Cada Quien Por Su Lado

Es mejor que te alejes de mí;
ya no te quiero;
dejé de necesitarte a mi lado,
desconozco la razón de mi sentir;
será que mi alma
de los "golpes" se ha cansado.

Sugiero que no intentes insistir,
decidido está;
mi libertad revienta en reclamos,
me da lo mismo contigo, que sin ti;
es lo mejor,
¿para qué seguirnos lastimando?

La vida es una hermosa flor
y no necesito decirte
que protegerla de la erosión,
requiere más de lo que diste.

Ilógico, el mismo camino seguir,
no sabes perdonar;
prefieres hacer todo pedazos,
más violencia ya no quiero vivir;
todo tiene un límite,
y mejor será... cada uno por su lado.

La vida es una hermosa flor...

082686-R-112992

Pienso En Ti

Clavado en este sillón,
mirando la televisión,
sin poner mucha atención;
pienso en ti.

Tu foto, esa expresión
que robó mi corazón,
un suspiro me arrancó;
pienso en ti.

Esa forma de amar,
sin exigir, sin controlar,
que me invita a ser yo, sin límites;
expresión sin drama, se permite,
complementar, sin mezclar,
equilibrio de amar sin atrapar;
por eso cerca o lejos, estas aquí,
por eso te necesito, sin depender de ti.

Mi ropa aun lleva tu olor
y pasea por la habitación,
te siento a mí alrededor;
pienso en ti.

La hora de ir por ti llegó,
apago el televisor
y aunque parezca obsesión;
pienso en ti.

Esa forma de amar...

082586-R-110691

Porque Soy Menor De Edad

Porque soy menor de edad;
no puedo opinar,
tengo que callar.

Porque soy menor de edad;
no puedo elegir,
como quiero vestir.

Déjenme elegir,
déjenme hablar,
déjenme salir,
déjenme decidir o voy a explotar.

Porque soy menor de edad;
no puedo trabajar
y dinero no me dan.

Porque soy menor de edad;
no puedo decidir
a donde quiero ir.

Déjenme gritar,
déjenme pensar,
déjenme probar,
déjenme vivir o voy a explotar.

Déjenme escoger,
lo que quiero ser,
lo que quiero tener,
déjenme, déjenme... ¡déjenme!

082786

Mi Último Aliento

Para la persona más importante en mi vida...

Aún recuerdo los grises días
que vivía antes de conocerte;
todos los días eran iguales,
fríos, vacíos y aburridos.

Pero tu presencia estremeció
cada célula de mi cuerpo;
me desperté a una aventura,
un mundo nuevo ante mis ojos.

Y mi corazón latió por primera vez
y mis manos se moldearon en ti;
cuando tu mirada como chispa
en leña seca encendió la llama
del amor que nunca se apaga;
derretiste mi corazón de hielo.

Y con un beso me hiciste tuyo
como olvidar el día que llegaste;
cada día es un placer despertar
y saber que tu cuerpo tibio
está a mi lado y con ansia
espero que abras tus ojos
y con tu mirada me llenes de fe.

Todo esfuerzo vale la pena,
sé que luchas igual que yo;
no hay días malos cuando hay amor,
te agradezco dejarme amarte;
y con placer lo haré hasta el fin
de mis días... hasta mi último aliento.

090386-R-011791

Ya No Quiero

Ya no quiero cerrar mis ojos,
ya no, ya no;
porque me atormenta
el pasado;
porque me atormenta
mi amor por ti.

Ya no quiero dormir jamás,
ya no, ya no;
porque duelen los sueños
solo contigo;
porque duelen los sueños
desde que te perdí;
ya no quiero seguir pensando,
ya no, ya no;
porque solo recuerdo
aquel momento,
porque solo recuerdo
cuando te vi partir;
ya no quiero seguir tomando,
ya no, ya no;
porque no sirve de nada,
te sigo extrañando;
porque no sirve de nada,
vives dentro de mí.

Ya no quiero salir afuera,
ya no, ya no;
porque en todos lados
te veo en otra;
porque en todos lados,
me parece verte a ti.

090986

Recuerdos De Ti

Olvidarte yo
creo que no podré;
estas corriendo en mis venas
más rápido que ayer;
y es que tengo aquí...
tanto, tanto de ti.

Para recordarte
tengo un "porque";
miles de instantes
tuyos me guardé;
cartas, tarjetas
de San Valentín.

Leo tus cartas
mientras recuerdo
el calor de tu piel;
cuerpo con cuerpo;
tus labios posados
en un pañuelo,
te tienen aquí
aunque estas lejos.

Nunca lo he negado,
aun eres parte de mí ser;
lo mío no es reproche,
es añoranza a tu querer;
nada gano con mentir
y decir que... ya me olvidé de ti.

092586

Miedo A Perder

Afuera, el mundo arde,
puedo oír el crepitar;
hombre y mujer de cacería,
buscando a quien amar.

Parejas en sitios oscuros
en juego "premarital";
todos viviendo un romance,
solo yo he quedado atrás.

No quiero estar solo,
pero temo aventarme y perder;
no debo estar solo
pero no sé buscar a quien querer.

Lo que veo de noche en las calles
me grita que debo intentar;
las dudas confunden mi corazón
y esa magia no puedo encontrar.

Amor en la radio y televisión,
en todo balcón y portal;
la ciudad arde en pasión,
mientras yo muero de frio en soledad.

No quiero estar solo...

092786

¿Porque Preguntas?

Si ya sabes
que el romance terminó;
si ya sabes
que ya no hay amor.

Si ya sabes
la comedia se acabó;
si ya sabes
que ya no hay amor.

¿Por qué preguntas?,
¿qué es lo que ha ocurrido?;
¿por qué preguntas?,
¿después de novios... amigos?

¿Por qué preguntas?,
si no supiste amar;
¿por qué preguntas?,
si te voy a dejar.

No me preguntes:
¿qué me hizo cambiar?;
¿si hay otra mujer?
¿por qué?... ¿para qué preguntar?

Si ya sabes
que la flor se marchitó;
si ya sabes
que ya no hay amor.

¿Por qué preguntas?...

092986

¿De Qué Estoy Hecho?

Que serio me he vuelto,
oigo comentar;
que si tengo el alma
dura cual metal.

¿Qué "que" me cambio?
oigo rumorar;
ya se dieron cuenta
que no soy igual.

¿Por qué preguntan?
si lo saben ya;
voy a responderles
una vez más:

¿Qué de qué estoy hecho?,
estoy hecho de "ella";
¿que por "quien" me muero?,
me muero por "ella";
¿por qué no busco "otra"?
no quiero "otra", solo a "ella";
y "ella" no robó mi alma,
yo se la di... a "ella".

¿Por qué preguntan?...

092986

Volviéndome Loco

Pensamientos que giran,
recuerdos que lastiman;
escenas repetidas
reviven sin cesar.

Lo bueno, lo malo,
lo triste, lo vano;
lo presente, lo pasado
me atormentan y estoy...

Volviéndome loco,
volviéndome loco;
sin tus besos, sin tu amor,
sin tu cuerpo estoy...

Volviéndome loco,
volviéndome loco;
sin tu risa, sin tu voz,
sin tu mano estoy...

El tiempo no logra
mi herida sanar;
escenas repetidas
reviven sin cesar.

Te sueño y te amo,
te quiero y te llamo;
lo presente, lo pasado
me atormentan y estoy...

Volviéndome loco...

101086

A Todos Nos Pasa Lo Mismo

Es verdad
que tras tu partida,
algo en mi dejó de funcionar;
mente y alma se desconectan,
la memoria miente
y el alma no siente.

Es verdad
la desilusión corrompe,
mírame reír, mírame llorar;
es tragar un puño de espinas,
es abrazar fuerte
a la fría muerte.

Todos sabemos los riesgos
de entregar el corazón;
mas no nos detenemos un instante
y la primera opción
suena bien al corto plazo,
en lugar del "verdadero" amor;
y abrimos los ojos ya tarde,
entre "esos" me cuento yo.

Es verdad
la soledad me abraza
a todas horas, en todo lugar;
intimidad, un asunto personal,
y nadie entiende
que "tanto" duele.

Todos sabemos los riesgos...

101286-R-112092

Me Tratas Mal

Tú,
¿qué sabes del amor?;
tú,
tan llena de vanidad;
ni te has de imaginar,
que diera por poder;
llenar mi vida de ti,
llenar tu vida de mí.

Solo tú
me has tratado mal;
solo tú
me has hecho llorar;
solo tú... solo tú,
solo tú... solo tú.

Tú
que desprecias mi amor;
tú,
que me tratas tan mal;
ni te has de imaginar,
que diera por poder;
lograrte olvidar
o ganarme tu querer.

Solo tú...

101386

Amos Del Misil

Tengo que aprender
el idioma aquel
que no usa palabras
pero se hace entender.

Tengo que llevarlo
a esos dirigentes
que no lo conocen,
cuanto antes... ¡es urgente!

Es petición universal,
es ruego de la humanidad:
Señores, amos del misil,
¿qué está sucediendo aquí?;
señores, amos del misil,
solo tenemos un planeta para vivir;
amos del misil, amos del misil.

Hoy les hablaré
sin miedo a consecuencias;
es necesario fundir
la paz con la ciencia.

Hoy no callaré,
no estoy solo, ya lo ven;
tienen que desistir
de mostrar así su poder.

Tienen que entender
cuan necesario es
dejar a nuestra niñez,
un mundo mejor que el de ayer.

101786

Besos Por Teléfono

Cuando no puedes salir,
porque tienes que estudiar;
no te dejó papá
o ayudas a mamá.

Cuando no puedo ir,
sabes que voy a llamar;
y esperas ansiosa
el teléfono sonar.

No te quieres distraer,
y no dejas a nadie "llamar";
pues en cualquier momento
el teléfono despertará.

"Ring", "ring" sonará,
"hola amor" contestarás,
"te he extrañado" me dirás
y con amor me mandarás...
besos por teléfono,
besos por teléfono.

Las horas se pasarán
"amor de auricular";
tu padre me va a matar,
eso sí me puede alcanzar;
besos por teléfono,
besos por teléfono.

102286

Consejos Del Padre Al Hijo

Los recuerdos viven conmigo,
recuerdos cuando era niño;
tú eras protección y "libro",
unas "juez" y otras "amigo".

Recuerdo que cuando chiquillo,
me hiciste más fácil el camino,
me contaste todas tus vivencias;
consejos del padre al hijo.

Padre, ya creció tu niño,
quizá tú no lo comprendas;
hoy tengo mis propias experiencias,
consejos del padre al hijo.

Y es que llegó el tiempo
para dejar el "nido";
es mi turno de iniciar el ciclo;
consejos del padre al hijo.

Me es un poco difícil
ir por donde tú has ido;
"camina, no corras";
consejos del padre al hijo.

Padre no te preocupes,
si "tropezar" me has visto;
comprende que si no caigo,
nunca sabré valorar tu sacrificio.

102286

Elegía

Como cada amanecer,
Al volver contemplo esa escena;
Recuerdos de ayeres me esperan,
Objetos con vida de papel.

No dudo que moras aquí,
Usando una foto para vivir;
Nunca pensé que en solitud
Compartiría lo que amo de ti
Al silencio de mi soledad.

Trastorno que me impide dormir;
Espejismo que me habla de ti.

Oculté de la luz del sol
Las memorias de tu piel y voz;
Veneno circula por mis venas,
Ignoras cuan inmensa es mi pena;
Diálogos de un ciego y la pared,
Analogía de lo presente y lo olvidado;
Réquiem para aquel retrato,
Esclavo de un objeto de papel.

102386

No Abuses

La verdad, no te entiendo,
tonto juego de sentimientos;
tu "conquista" como le dices,
te ama ya, tú le "finges".

¿Cómo puedes mentirle a "ella"?.
si es verdad que no la amas;
¿cómo puedes burlarte de "ella"?
obvio, no te importa lastimarla.

Si no la amas, déjala ir,
de todos modos va a sufrir;
acuérdate que mañana
toda deuda se paga.

"Ella" no merece tu engaño,
actúas como si "ella" no sintiese;
su corazón harás pedazos,
ciertamente a "ella" no mereces.

No le mientas que es "amor",
no aplastes su ilusión;
no le manches su ensueño
con tu tonto y estúpido juego.

102586

Fugitivos Por Amor

Miro mi reloj
y luego miro atrás;
por toda la estación,
la gente viene y va.

Fue nuestra decisión,
nadie nos detendrá;
contra toda oposición,
nos vamos a escapar.

Y compartes tu temor,
pero sin dar marcha atrás;
nos vuelca el corazón
al ver la hora llegar.

Hasta el fin del mundo,
nos lleva la ilusión;
tras un lugar "seguro",
para nuestro amor.

Por toda la estación,
la gente viene y va;
fugitivos por amor,
buscando libertad.

Hasta el fin del mundo...

102786

Doncella

Por ser como eres,
un ser sin vanidad;
poema a la inocencia,
y recatada intimidad.

La alegría que posees,
me mueve a amarte más;
tu bondad me conmueve,
siempre presta a perdonar.

Doncella, luna en la noche oscura,
doncella, manantial en el desierto,
doncella, flor que emana ternura,
doncella, dama del más bello cuento.

Eres luz interminable,
eres mi ángel sideral;
nada puedo reprocharte,
eres atenta y leal.

Eres frágil y fuerte,
vives sin mirar atrás;
mujer ardiente y paciente,
cada día... te amo más.

Doncella...

102986

Tenía Tatuado Un Corazón

Todos decían que esa chica,
aunque bonita, tenía fama
de ser muy tímida.

Yo la veía salir... llegar,
me intrigaba su intimidad;
¡yo buscaría la oportunidad!

Ella esperaba el autobús
y se veía sensacional;
¡aunque sea monja me voy a "aventar"!

Acerqué mi auto, la saludé,
logré que aceptara, le diera un "ride",
y al subir su "mini" me dejó ver...

¡Hermosas piernas y "algo" más!
¡en una de ellas... un corazón!;
¡tenía tatuado un corazón!

Sobre el tatuaje le pregunté,
ella sonriendo me lo enseñó;
¡tenía tatuado un corazón!

Ella me dijo: "Vacío está,
voy a llenarlo con la "inicial"
de quien yo llegue a amar".

Desde aquel día, la cortejé,
su "corazón" vacío hoy no está;
¡porque ya tiene mi "inicial"!

102986

Ojos De Miel

Te despiertas,
es tarde, "el" no está;
te levantas,
el espejo te ve bostezar;
y preparas
tu arreglo personal;
desayunas "sola",
la radio está sentimental.

Miras afuera
pensando: "un día más";
te deprime
esta rutina sin final;
no soportas
tanta fría soledad;
y sales
"por ahí", a curiosear.

Ojos de miel, "el" ignora esa rutina,
ojos de miel, "el" trabaja y no te mima,
ojos de miel, "el" quizá no se imagina,
ojos de miel, que te sientes recluida.

Te distraes
entre gente al caminar;
y regresas
de prisa a preparar
el "nido" y tu persona
para a "el" agradar;
y conseguir una caricia
o una conversación... quizá.

103186

No Te Puedo Fallar

A conversar
cuando hay mal entendidos
y a valorar
nuestro compromiso.

A escuchar
contigo he aprendido
y a levantarme
cuando a veces he caído.

A perdonar
mueves mis pasos,
también a dar
sin esperar un pago.

Por todo eso
no te puedo fallar,
por tu fe en mí,
no te puedo fallar;
reconozco que tengo
mucho que aprender;
sé que me apoyas
y en mi crees.

A valorar la vida,
tú me has enseñado
y si desisto,
te habré defraudado.

Por todo eso...

103186

¿Alguien Puede Oírme?

Es tan fácil perderse
solo en esta metrópolis;
ensordecedora sinfonía de ruido,
oasis de exceso industrial.

Vortex de muerte lenta,
prototipo de exterminación total;
de noche tus millones de estrellas,
revientan en tu palpitar.

¿No sabes que te aplastará?,
¿no sabes que no escaparás?,
no tienes oportunidad,
es mi gran ciudad;
¿alguien puede oírme?,
en la gran ciudad.

Las masas te adoran,
monstruo de roca, luz y metal;
símbolo de una falsa urbanidad,
nadie escapa metrópolis mortal.

Selva toxica que atrapa al "extraño",
destructiva como un huracán;
tierra de gigantes invisibles,
algún día a las ruinas volverás.

¿No sabes que te aplastará?...

103186

Escribí

Escribí para ti
mis poesías,
escribí para ti
mis elegías;
para mi dama,
versos del alma;
escribí... escribí.

Escogí para ti,
sueños y estrellas,
elegí para ti
palabras bellas;
para mi dama,
calor del alma;
escribí... escribí.

Escribí para ti,
escribí para ti,
con mi sangre en un rubí,
eternamente para ti;
escribí... escribí.

Dediqué para ti
prohibidas rimas,
compuse para ti
prosas divinas;
para mi dama,
con toda mi alma;
escribí... escribí.

Escribí para ti...

103186

La Noche De Las Sirenas

Cuando el sueño vence
a la última estrella;
dejan las profundidades
tres hermosas sirenas.

Cantos de hechizo al viento,
oídos mortales buscando navegan;
olas que tocan la luna
y arrullan las más bellas perlas.

Corales derretidos de nácar
peinetas de las sirenas;
yo presencié aquella maravilla
aunque nadie jamás me creyera.

Oda al mar, oda al viajero,
mito que narró aquel marinero.

Despiertan los gigantes extintos,
los hombres pierden su voluntad
al hipnótico canto caen rendidos.
se lanzan al mar y no vuelven jamás.

Aquel anciano ya no pudo hablar,
secó las lágrimas de sus ojos viejos
invadido por la emoción de recordar;
se levantó y en la niebla se perdió a lo lejos.

110186

Reflexiones

Reflexionando hoy por la noche,
"día de recuerdos"; por convicción,
me he preguntado.

No es posible que al morir,
bajo tierra dejes de existir;
no es posible tanta mediocridad,
nada "hiciste", ¿quién te va a recordar?

Tú que aún puedes, ponte a luchar,
y como el fénix, mañana renacerás;
haz cosas buenas, ponte a luchar
y cuando mueras tus obras aquí te tendrán;
tú tienes dotes, ponte a luchar,
que cuando mueras "arriba o abajo" no servirán.

¿O es que esperas
que el día que mueras,
se acuerden de ti
solo porque eras un "familiar"?

No es posible que tu gran obra
se vuelva polvo cuando te vas;
no es posible que un día al año,
le lleven flores a un triste epitafio.

Tú que aún puedes ponte a luchar...

110286

No Es Normal

No es normal
que para amar,
tengas el corazón
de acero o de cristal;
no, no es normal.

No es normal
que siempre vivas
como luz fugaz
o en completa oscuridad;
no, no es normal.

Alguna vez
llora por favor;
alguna vez
muestra tu temor.

Alguna vez
suelta tu pasión;
alguna vez
muestra el corazón.

No es normal
tanta frialdad
ante ternura pura
contra tu voluntad;
no, no es normal.

Alguna vez...

110386

No Es Mi Estilo

Yo no creo
lo que dicen,
lo que rumoran de ti;
yo no escucho,
no me importa,
tu pasado es de ti.

Yo no soy
como aquellos
que te apuntan;
nadie es libre
de pecado,
vive y deja vivir.

No es mi estilo
juzgar a las personas;
no es mi estilo,
recordarte tus tropiezos;
yo te acepto
como eres;
no es mi estilo
viví de los ayeres.

Yo no puedo
echarle fuego
al árbol caído;
te soy sincero,
no soy perfecto,
no te preocupes de mí.

No es mi estilo...

110786

Como Eco

Como luna llena en mí
vives tú,
como esencia en mi ser
vives tú,
como dinamita en mi piel
eres tú;
vienes y vas como el bumerang,
vienes y vas ... ¿qué haces de mí?

Y como eco,
eco te veo partir,
y como eco,
eco vuelves a mí;
eco, eco, eco de mi latir,
eco, eco, eco yo soy de ti.

Como cadenas de oro en mí
vives tú,
como el cáncer lento y mortal
vives tú,
como ozono en mi respirar
eres tú;
vienes y vas como el bumerang,
vienes y vas... ¿qué haces de mí?

Y como eco...

110786

Mejor Dormir

No fue por TV
que te conocí,
tampoco en un diario
que supe de ti.

No fue por un libro
que leí de ti,
tampoco en la radio
que oí de ti.

Creo que fue en un sueño,
mi más dulce dormir;
llegaste a mí del cielo
y no te dejaré ir.

Y si para ser feliz,
y si para ser feliz,
siempre tengo que soñar,
no me dejes despertar;
te amo así...
mejor dormir.

No será por mí
que te iras de aquí,
si soñar es amarte
eterno será... mi dormir.

Creo que fue en un sueño...

110886

Cansado

Me cansé de esperar
que quisieras regresar;
hundido en la oscuridad
sin querer con nadie hablar.

Me cansé de mirar
al horizonte sin final;
me perdí en mi cuarto
entre tanta soledad.

Me cansé, me cansé
de esperar;
prefería por miedo
pernoctar;
tú no vas jamás
a regresar.

Me cansé, me cansé
de esperar;
el infierno, el invierno
era igual;
ni de día, ni de noche
tuve paz.

Decidí confrontar
tu fantasma una vez más;
y vencí tu "enfermedad"
te he dejado... de extrañar.

Me cansé, me cansé...

110886

Recordar Es Vivir

Cuando te encuentres sola,
confusa y desesperada,
extrañando mí persona
o una ansiada llamada.

No querrás ver a nadie
desearás saber "dónde" estoy;
te sentirás culpable
y buscarás distracción.

Guarda solo lo mejor
de cuando yo estuve allí;
otro capítulo comienza,
yo me acuerdo mucho de ti;
la lluvia te trae recuerdos,
no olvides: "recordar es vivir";
si caemos, nos levantamos,
¡arriba, animo... la vida es así!

Así que ponte una chamarra,
sal a comprar un café,
deja que la lluvia haga lo suyo;
igual que tú, yo haré.

Guarda solo lo mejor...

111186

Cuesta Arriba

¿Quién no pasado
una noche
fuera de casa
queriendo olvidar?

¿Quién no ha tomado
por "ella",
huyendo de "ella",
en algún bar?

Toda relación pasa momentos duros
y muchas no sobrevivirán;
obvio que desconocemos el futuro,
no sabemos si la nuestra funcionará;
por eso luchamos,
por eso soportamos,
por eso sufrimos,
por eso amamos.

¿Quién no cometido
un error
y se ha sentido
de lo peor?

¿Quién no ha llorado
una vez
cuando han peleado
por una estupidez?

Toda relación...

111186

Corazón Desechable

Tengo tantas heridas
en mi maltrecha alma;
cien relaciones fallidas
el corazón me dañan.

Tengo tantas heridas
por amar dando todo;
tengo tantos "curitas",
unos encima de otros.

¿Quién me puede decir?,
¿dónde puedo comprar?,
un corazón desechable,
¡porqué este ya no da más!

¿Quién me puede decir?,
¿dónde puedo comprar?,
un corazón desechable,
para cada intento cambiar.

Tengo tantas heridas,
más no me doy por vencido;
el amor y las rosas tienen espinas,
razón de este corazón sufrido.

¿Quién me puede decir?...

111286-R-081691

Expresión De Amor

Entiendo ese anhelo tuyo
de querer comprender
este amor complejo,
más no olvides lo primero.

No todas las preguntas
son fáciles de responder,
especialmente en sentimientos;
¿qué puedo decir?... "te quiero".

Contigo he sabido de esa paz,
de esa sensación que adentro crece
y estalla en felicidad;
recibir después, primero dar,
procuro toda atención, sin querer
amenazar tu libertad.

Aquí es donde la palabra
pierde su nata expresión;
lo que siento, decir no puedo,
en la forma que yo quiero.

Ábreme tu alma, cierra los ojos
y siente a través de mis manos,
el flujo de mis sentimientos;
ese cariño, es amor... sincero.

Contigo he sabido de esa paz...

111286-R-081691

San Valentín

Con alegría y excitación,
te escribo en una tarjeta;
un pensamiento que aunque
son unas cuantas letras...salen
del fondo de mi corazón.

Y las flores más hermosas
son parte de mi sorpresa;
me imagino tu alegría y que
con un abrazo y un beso
me agradeces tus rosas rojas.

Este San Valentín, será
mejor que los otros; así es siempre,
pues sigue creciendo lo nuestro,
tú has hecho tu parte...yo la mía;
y este día es reafirmación.

Quiero que sepas,
es un honor compartir mi vida contigo;
sabemos que no ha sido fácil
pero juntos aguantamos tormentas;
y hoy celebramos... el triunfo del amor.

Cuanta dicha es tener amor,
saber que a alguien le importas,
que te levanta cuando caes
y que no importa nadie más que tu
y cuando juntos se detiene el reloj.

No importa si caro o sencillo,
no importa edad, ni posición social,
no importa el evento, ni el lugar
lo que cuenta es compartirlo todo;
poner el uno al otro en primer lugar.
¡Feliz día de San Valentín...mi amor!
111386-R-082091

Seguro De Amor

Quiero comprar un seguro,
no importa lo que pueda costar,
porque me siento "zancudo"
bien rociado con "Raid"*.

"Discúlpenos señor,
no lo podemos asegurar,
nadie muere por amor,
ya deje de payasear".

¿Cuantos como yo
agonizan por amor?;
¿cuantos como yo
fracasan en su relación?

Estoy viviendo días tristes,
¿cómo sé que el corazón resiste?;
lo mío no es exageración
por eso quiero un seguro de amor.

Mi dolor es real, lo juro,
soy valiente duda no hay
y dejar de sufrir, lo dudo,
por eso yo quiero comprar.

Un seguro de amor, para este corazón.

Cuantos como yo...

111386

Amor De Comedia

Crees que todo el tiempo
voy a ser igual;
crees que por mi amor
no voy a cambiar.

Si nuestro amor
es una comedia;
si esta relación
es tu "clase" de actuación;
más vale el "acto" terminar,
más vale el "telón" bajar.

Hoy maltrato, mañana besos,
un día cariño, el otro penas;
crees que todo el tiempo
estamos en "escena".

Si nuestro amor
es una comedia;
si esta relación
es tu "clase" de actuación;
más vale el "acto" terminar,
más vale el "telón" bajar.

Tienes que elegir:
"actuar" o "vivir";
yo amo a la mujer
y no a la "actriz".

111386

Cenizas Y Rojo Vivo

Cuando el amor se acaba,
más que dolor hay tristeza;
no mueres en vida como
cuando existe y se aleja.

Cuando el amor oscurece
de tormento, hay advertencia,
más nadie está preparado
cuando la relación se accidenta.

Amar es nadar en agua fría,
es subir una escalera,
cerrar los ojos y tirarte al vacío
para probar amor;
pero al final es ir más arriba,
voluntariamente a fuerza;
un fugaz suspiro
sin contestación.

Cuando el amor asfixia como
amoníaco, una última reverencia;
y es que entre cenizas y rojo
vivo, difícil ver la diferencia.

Amar es nadar en agua fría...

111686-R-101492

Malos Ejemplos

Hace algunos años,
en un viejo cuarto,
reuníanse mis amigos
pa' pasar el rato;
algunos pa' hablar
de amores "tiranos",
otros pa' jugar
los "juegos de manos".

Lo cierto es que veía
como ellos tomaban
pa' olvidar "aquella"
que los lastimaba;
lo cierto es que veía
como se alejaban
pa' olvidar "aquella"
que los lastimaba.

Dejemos el pasado
en el viejo cuarto;
hoy me está matando
un amor "tirano";
yo recordé "aquello"
y bebí y lloré,
dejé a mis amigos
y me alejé.

No sirvió pa' nada
el maldito vino,
no logro olvidarla
aunque lejos vivo;
no sirvió de nada,
ahogarme en el vino,
aquel viejo cuarto
desvió mi camino.

III786

Amante Mia

Me desperté,
ella dormía;
me vestí en silencio,
salí de allí.

Me pregunté,
¿qué hacia allí?,
hace muy poco
la conocí.

¿Que pretendía?
"ella" tenía su hogar;
quizá no me quería,
quizá...

¿Que pretendía?
"el" no lo sabía;
quizá no la quería,
quizá...

Escucha mujer,
amante mía,
tienes que esconder
nuestro desliz.

Nunca serás
solo mía,
y al vernos así,
no soy feliz.

¿Que pretendía?...

111786

Un Mal Sueño

Cuando te conocí,
me dejé llevar
por lo que sentí;
y te entregué a ti
más, mucho más
que a nadie di.

Tarde comprendí,
no eras sincera,
te burlabas de mí;
y como copa al caer,
mi alma estalló,
no lo podía creer.

Pero hoy
he logrado
olvidarme de ti;
quiero pensar
que lo nuestro
mal sueño fue,
del cual ya desperté.

Tus cadenas rompí,
me he vuelto a levantar;
mi temor ya perdí
para intentar volver a amar;
hoy sabes que me arrepentí
de darte más que a nadie más.

III986

Por Eso Te Amo Yo

No pocas veces
te demuestro que te amo;
vales la pena,
mi cielo, mi pecado.

Más no te amo
por cosas del pasado;
porque cada día
te das sin recato.

Eres lo mejor
y lo único
que un hombre podría desear;
sueño de amor
"platónico"
atrapado y hecho realidad.

Te amo
porque no dejas de sorprenderme;
te amo
por tu esfuerzo en comprenderme.

Por tu franqueza
y tu tierno llanto;
es tu pasión
momento ansiado.

Eres lo mejor...

112086

Te Unirás A Mi

Los días están contados
y el "nido" está preparado
para tenerte aquí.

Un "sueño" será realizado
y aunque pronto estarás a mi lado,
ya te quiero aquí.

Se acerca la "cita"
y vestida de blanco
te unirás a mí;
será "nuestro día"
y por el "libro sagrado"
te unirás a mí.

Dos destinos serán atados,
te unirás a mí;
el cielo ya fue avisado,
te unirás a mí.

Mañana ya habremos comenzado,
a soñar, a vivir paso a paso,
tú junto a mí.

Me desvela imaginarlo,
no más noches "separados",
juntos... hasta el fin.

112486

En El Tren

Ya amanecía y sin comer,
hacia frio, corría el tren;
una maleta, algunos casetes,
en el pueblo de "no sé quién".

La vía es tragada por el tren,
ya no hay dinero, puro café;
el valle calla, ¿en honor a quién?
cierro mis ojos... ¿por qué, por qué?

¿Por qué tenía que ser así?
¿por qué la vida te aparto de mí?;
dejaste tu hogar, al pueblo y a mí
¿por qué tenía que ser así?

Si hoy vivo así, es por mi fe,
tal vez me lleve mi amigo el tren,
hacia tus brazos en Santa Fé,
en cada pueblo te buscaré.

Luego me escondo en un hotel,
cae la noche, comienza a llover;
mirando tu foto me pregunté:
¿tu fuga fue tuya o te forcé?

¿Por qué tenía que ser así?...

112586

Inexorable

Nadie duda, caer lastima;
cuando el amor se daña
es arrojar el corazón entre espinas
y probar las lágrimas más amargas.

Es la necesidad de compañía,
que exalta, redime y mata;
es lanzarse sin paracaídas
creyendo sobrevivir si caes en agua.

Te dedico madre, este último salto,
cierro los ojos, extiendo mis brazos;
es por amor, debe valer algo,
deja te digo: "yo sé lo que hago".

Sin amor los sueños no existirán,
sin miedo, sin duda, en gloriosa picada,
por un beso suyo mil veces lo haría,
adicto ya soy, me hace tanta falta.

Absolución al pecado, reviviendo la vida,
madre te cuento "«ella» es mi hada";
amar es tan bello, mira mi sonrisa,
más de tan alto... roca se vuelve el agua.

090686

La Villana

De una mujer villana
estoy enamorado;
ella le trajo agruras
a mi corazón rosado.

Gallinas azules vuelan
en mi cielo contaminado;
a "horchata" me sabe la cerveza,
aquí hay "gato encerrado".

Ya me di cuenta, estas "hueca"
cual triste "chile relleno";
como "yo-yo" bien me juegas
y allí voy como "borrego".

No más "romance" en tu ventana,
el pueblo está murmurando;
parece que a tu padre le dio frio,
pues tu ventana ha "clausurado".

Dicen que "fuiste al pan"
cada vez que te llamo;
¿pues qué puras "tortas" comes?
¡soy tonto pero no tanto!

Ya me di cuenta, estas "hueca"...

091286

Es Naturaleza Humana

No te preocupes
de lo que digan los demás;
no los escuches,
ellos nos quieren separar.

Seguro nos envidian,
les quema vernos amar;
aguanta, no me sueltes,
veo venir el huracán.

No hagas caso,
hablan por hablar;
ignora sus palabras
de envidia y de maldad.

Es naturaleza humana,
envidiar la felicidad de otros;
"hienas" hipócritas en manada,
buscan presa en nosotros.

Es naturaleza humana,
más fácil ser malo que bueno;
pero con dedicación y paciencia,
sus intenciones... ¡arruinaremos!

031686

Tratémonos Un Poco Mas

No te quiero engañar,
te amo y pienso en ti;
pero aún no es tiempo,
de llegar al "altar".

No intento escapar,
lo necesito pensar;
tú a tus diecisiete
escapas de la realidad.

Tratémonos un poco más,
yo no intento escapar;
tratémonos un poco más,
mañana lo agradecerás.

Quizá no me lo creas
o no me sé explicar;
no busco una "salida",
ni esto es el "final".

Tal vez falaz me creas,
pero no quiero fracasar;
nos faltan experiencias,
nos falta madurar.

Tratémonos un poco más...

060886

Solo Bromeaba

He de decirte,
no quise herirte;
solo bromeaba
cuando te dije
que no te amaba.

No imaginé
hacerte creer;
solo bromeaba,
cuando te dije
que no te amaba.

Hable tontamente, lo sé,
ni yo mismo se "porqué",
solo bromeaba;
perdona mi estupidez,
hablé con insensatez,
solo bromeaba.

Detén el castigo,
yo estoy arrepentido;
solo bromeaba,
cuando te dije
que no te amaba.

Hable tontamente, lo sé...

090686

Cuento De Amor

Poesía es tu mirada,
como el más bello atardecer
y tu sonrisa es la calma
en las tormentas dentro de mí ser.

Una caricia de tus manos
calma el león que vive en mí;
emociones, sentimientos humanos,
no necesito más para ser feliz.

Por ti y para ti
guardo mi entero corazón;
beso tras beso que sella
la más hermosa historia de amor.

Admiro tu valor de mujer
que entre tu inocencia se esconde;
labios con sabor de miel,
dos cuerpos llaman y el amor responde.

Un arcoíris de sentimientos
que solo a mí has entregado;
gracias por los bellos momentos,
por eso te adoro, te cuido y te amo.

Abrázate de mí y tu miedo pierde,
si el mundo se acaba yo no te suelto;
una emoción que el tiempo detiene
y más increíble es que... no es un cuento.

112586

86,400

86,400
no es mi código postal,
86,400
no es la temperatura solar,
86,400
no es tu numero mi amor,
86,400
no es la talla de King Kong,
86,400...8,6,4 y dos ceros.

86,400
no es el precio de un diamante,
86,400
no es el año del "Amante",
86,400
no es la altura del "K2",
86,400
no es la distancia a Pluto,
86,400...8,6,4 y dos ceros

86,400 son los segundos
que cada día pienso en ti;
86,400 son los segundos,
que cada día pienso en ti.

112686

Cuando El Amor No Es Amor

Qué triste escena,
lo nuestro, que pena;
vivimos juntos
y sin embargo
en otros mundos.

El café frio,
el beso igual;
no hay detalles,
todo se hace
por no "dejar".

Guerra sin tregua,
cierra la puerta;
siempre peleamos,
yo te pregunto:
¿por qué nos casamos?

Quizá quisimos vivir "temprano",
tal vez creímos querernos tanto;
qué pena, un "papel" es la "unión",
qué triste... el amor no es amor.

Las noches tensas,
celos absurdos;
solo buscando,
motivos burdos
para insultar.

Quizá quisimos...

112786

De Mil Maneras

De mil maneras
se puede sentir amor;
con palabras bellas,
un beso, una mirada, una flor;
con caricias plenas,
una lágrima o una canción.

De mil maneras
yo puedo sentirte aquí;
al mirar las estrellas,
el cielo, el mar, un rubí,
la luna, las perlas,
las bellas tardes de Abril.

De mil maneras
te puedo amar;
de mil maneras
imaginar.

De mil maneras
yo puedo tenerte aquí;
en mi cuerpo, en mi alma,
mi sangre, en mi sentir
en mi mente, en la calma,
en mi canto, en fin...

De mil maneras...

112986

¿Qué Tendría Esa Mujer?

Fue en una fiesta,
que todo pasó;
entre extraños y amigos,
alguien nos presentó.

No escuché su nombre,
"que bella mujer";
y sin decir palabra
a bailar la invité.

Y sentí que mis manos
temblaron en su piel;
y bailamos sin hablarnos,
¿qué tendría esa mujer?

¿Qué tendría su piel?,
¿qué tendría esa mujer?,
¿por qué temblaron mis manos
en su talle, en su mano?;
¿sabrá que la extraño?,
¿sabrá que mis manos
gritando en silencio
la llaman en vano?

Y es que nunca nadie
me hizo vibrar así;
solo me quedo tu imagen,
¡y locas ganas... de ti!

112986

Las Noches Contigo Desde Que No Estás Aquí

Pasada la media noche,
tengo hambre, siento frio;
ya ahogado por el licor,
la botella vacía miro.

Un último trago me espera
que vuelva del desatino;
necesito dormir y no quiero,
quiero sentir que estoy "vivo".

Toda la noche tocando
la misma triste canción;
por ella hoy me emborracho,
porque ella ayer me dejó.

Hoy quise tomar a solas,
para no compartir mi dolor;
el alcohol revive memorias
y desmiente al falso amor.

Nunca te prometí olvidarte,
tus recuerdos serán siempre míos;
y creas o no es más fácil,
bien borracho... "revivirlos".

120186

Espejos Del Cielo

Relámpagos iluminan el cielo,
la tarde es fría;
la lluvia ha mojado tu pelo
y borrado tu sonrisa.

Tus zapatos mojados por dentro
te recuerdan cuando niña;
salías al traspatio corriendo
a jugar mientras llovía.

Una tarde lluviosa, nada nuevo,
pero olvidaste cargar un abrigo;
y frías gotas castigan tu cuerpo,
resbalan e insultan tu hermoso vestido.

Te asusta el rugir de los truenos
y paras en una esquina;
tus cafés ojos por unos momentos
recorren la sola avenida.

"Espejos cayeron del cielo",
cuando niña tú decías;
pensando en eso miras al suelo
y tu enojo se vuelve sonrisa.

120286-R-020294

¿No Me Crees?

Con el tiempo te has metido
poco a poco sin sentirlo;
ya hoy te amo y no consigo
que me quieras, soy tu "amigo".

¿Porque no me crees?

Ya el cariño
de amigo,
se volvió amor,
sin ti no vivo.

Dime que tú
también me amas,
aunque sea un poco,
dame esperanza.

Yo sé que tú
eres la mujer
que quiero y querré;
¿por qué no me crees?

Antes no te extrañaba,
no había celos, no te amaba;
bórrame como "amigo",
piénsalo... no seas mala.

¿Por qué no me crees?

120686

Cuando Llegue La Noche

Mi mano se posará
en tu cuerpo desnudo
y mi boca quemará
tus deseos impuros.

Allá afuera callará
la natura su murmullo
y completa te darás
sin recato alguno.

Y te tomaré,
éxtasis del verbo amar;
que se vive en un segundo
y dura una eternidad.

Las palabras sobrarán,
será un lenguaje "mudo"
que dos cuerpos hablarán,
suspiros, besos, rasguños.

El sudor nos cubrirá
y en aquel rincón oscuro;
el alma me entregarás
y yo a ti el amor más puro.

Y te tomaré...

121286

Muerto En Vida

Tu agonía es estar aquí,
entre héroes no sabes vivir;
nunca has hecho nada tú solo,
siempre ruegas la ayuda de otros.

No estás ciego, mas no puedes ver,
sientes que puedes pero temes perder;
vives porque tienes miedo a morir,
tienes fobia a fallar y que rían de ti.

Estás muerto en vida,
caminar a solas tu pesadilla;
estás muerto en vida,
sin entrada, sin salida.

Dices que odias la mediocridad,
yo creo que hablas por hablar;
te crees "fuerte"
cuando entre "fuertes" estás;
pero insignificante
cuando "solo" vas.

Estás muerto en vida...

121386

Descanso Sin Nombre

Una docena de rocas
detienen una cruz vieja;
tres agujeros de bala
carcomen la podrida madera.

"Un descanso sin nombre",
rodeado de ardientes arenas;
orientando a los viajeros
que mil historias le inventan.

¿Quién duerme aquí?,
¿un héroe o un cobarde?,
¿quién mora esta tumba?,
solo Dios lo sabe.

Una o dos flores
con cada primavera;
rodeada de silencio
y soledad inmensa.

Una cortante fría caricia
y un inmenso mar de arena;
hacen eterna compañía
a aquella cruz de madera.

¿Quién duerme aquí?...

122686-R-101692

Cuatro Preguntas

¿Eres capaz de amar
sin límite alguno
y la palabra: Libertad
te es sagrada cual culto?

¿Eres capaz de llevar
tus sueños hasta el punto
donde se separan: la realidad,
lo imposible y lo absurdo?

¿Eres capaz de arriesgar
"todo" en un segundo,
sin perder tu fe jamás
en los momentos más duros?

¿Eres capaz de enfrentar
por amor a todo un mundo,
sin perder tu dignidad
y sin causar dolor alguno?

Si eres capaz,
quédate a mi lado,
si tienes temor
yo lo entiendo;
mi camino es difícil,
mi plan he trazado,
atrévete a abrir el corazón,
y más tiempo no perdamos.

122786-R-011689

La Bestia En Tu Cuarto

Tras escapar
de la esclavitud del trabajo;
llegas y te encadenas
a la televisión en tu cuarto.

Imágenes con sonido
mil ordenes vomitando:
"!Bebe esto!", "!Compra aquello!",
"!Si no tienes te prestamos!".

Muy sutilmente
tu vida está regulando;
inocente esclavitud inconsciente,
total sumisión programando.

Te pedirá
que te arrodilles
frente a "ella",
la "confesión", luego el "perdón";
te pedirá
abrir tu pecho
mientras "ella"
devora salvajemente tu corazón.

Mañana despertarás
y tu mente habrá olvidado;
que ayer estabas vivo
y que eras un ser humano.

Te pedirá...

122886-R-112791

Arcoíris

Rojo en tus labios,
azul en tus ojos,
oro en tus cabellos,
rosa en tu piel,
blanca tu sonrisa,
rubor en tus mejillas,
gris junto a ti el día,
arcoíris de mi vida.

Naturaleza que explota,
juegan las flores con el viento
a las "escondidas";
el sol se esconde y las nubes
le ayudan
dándole guarida.

En tus dulces labios,
tus hermosos ojos,
en tu suave pelo,
en tu tersa piel,
en tu inocente risa,
tus cálidas mejillas,
color de mis días,
arcoíris hecho mujer.

Naturaleza que explota...

122886

No Todos Los Finales Son Tristes

"El" no comenzó la discusión,
le soportaba todo, la quería;
"ella" abusando de ese amor
le "plantaba", le mentía, le hería.

Pero una noche, "el" se decidió:
"nena te amo tanto pero no siento tu amor";
"ella" confiando le retó:
"¡entonces aléjate de mi vida!".

Lleno de dolor,
rompiendo su corazón,
su frente besó,
a su oído murmuró:
"pórtate mejor,
me voy sin rencor,
es tanto mi amor,
por eso digo adiós".

Le miró un segundo,
después se alejó.

Al correr de los días,
"ella" lo extrañó y lloró;
en muy poco tiempo comprendió
que había dejado ir el verdadero amor.

Arrepentida le buscó,
convencida de su error;
su sinceridad a "el" conmovió
y jamás, nunca más... la abandonó.

122886

A Todo y A Nada

Esta vez
no voy a cantarle al amor,
esta vez
tampoco le canto al dolor,
esta vez
no voy a hablarles de ilusión,
esta vez
no voy a contar una traición.

Porque hoy le canto
a todo y nada;
difícil decisión, pero
hoy no escogí tema.

No le canto al sol,
tampoco a la luna;
no le canto al mar,
ni a su blanca espuma.

No le canto al cielo,
tampoco a la tierra;
no le canto a una flor,
ni a aquella estrella.

No le canto a la lluvia,
tampoco a la belleza;
no le canto a la rosa,
ni a la naturaleza.

010387-R-100793

Una Rima Para Ella

Verso a la belleza
que amenaza a la luna eclipsar;
sutil delicadeza
abrazando tu feminidad.

Desierto de piel tersa,
ardiente calor de intimidad;
una eterna promesa
que toda tormenta resistirá.

"Ella" es lo que comienza
donde la poesía se detiene;
"ella" es lo que florece
donde el arcoíris desvanece.

Imagen que embelesa,
ni el olvido puede borrar;
seducción intensa
que ni el hielo puede enfriar.

Miradas café pastel,
promesas como estrellas;
pétalos bañados de miel
que fluye por sus venas.

"Ella" es lo que comienza...

010387-R-100793

Temor A La Noche

Salvajes como el alma
son los sueños;
inesperados como lluvia
los desatados sentimientos.

Capítulos de un libro
escritos en el viento;
sin control, sin límite
y sin tiempo.

De un profundo negro
son todos mis sueños;
y es que por amor
sé que estoy muriendo.

Del más oscuro negro
son hoy mis sentimientos;
y es que mi paraíso
se volvió eterno infierno.

Tengo fobia a la noche
y temor a este tormento;
mil tragedias me abrazan
cuando me vence el sueño.

De un profundo negro...

010587-R-022090

Por Ti Y Nadie Más

Un mundo
a punto de estallar;
calles salvajes,
leyes que nadie
quiere respetar;
abusos infames.

Niños drogados.
monstruosidad;
corrompe el hambre;
un ritmo de vida,
capaz de matar;
"plomo" en la sangre.

¡Levanta la cara aún estás vivo!,
¡aún es tiempo de encontrar el camino!,
¡ahoga reproches, busca un alivio!,
¡más que por nadie... por ti mismo!

Escupiendo muerte está el mar,
llueven letales calamidades;
tragando gente un huracán
devastando las ciudades.

En cada rincón obscenas propuestas
queriendo atraparte;
¡es el momento de romper cadenas
y de mostrar lo que vales!

¡Levanta la cara aún estás vivo!...

010687

Sin Temor

El mar a veces quieto
pero otras es un huracán;
así es el amor: impetuoso,
manantial que brota de un pozo
y calma la sed de amar.

Como el ave, vuela libre,
pues promesas sinceras respira;
tú y yo le hemos guardado,
amores nacen y otros viven su ocaso;
nada sobrevive en la mentira.

Sinceridad es un placer desnudo,
donde pueden verse el alma
en los ojos el uno al otro;
un diamante con brillo propio,
la fe y el amor, infinita llama.

Ramo de flores es la vida,
el respeto es agua que la alimenta;
tu admiración es correspondida;
aún las rosas tienen espinas
y nunca sobra una caricia sincera.

Aquí sin miedo y sin frio,
como acero fundido soportamos todo;
juntas tu mano y mi mano,
me abrazas con ojos cerrados;
aunque afuera... aúllan los lobos.

010787-R-011090

Inseguridad

Caminando a solas,
destino: "ningún lugar",
pensando, solo pensando:
¿cómo...
reaccionará?

Pateo esa lata,
enciendo un cigarro;
hoy vuelvo a verla,
¿qué le digo?,
¿cómo le hago?.

Si le pido perdón "llorando",
quizá me perdone,
quizá me humille,
tal vez me ofrezca sus brazos.

Y si pretendo que nada ha pasado,
quizá no se enoje,
quizá no se acuerde,
o tal vez me haga el corazón pedazos.

Llego la hora
que nos citamos;
la "culpa" me quema
creo que todo
lo he arruinado.

Si le pido perdón "llorando"...

010787-R-100793

Solo

Para no pelear,
mil cosas me callé;
para ti herir
una rutina fue.

Me cansé de ser,
el tonto más fiel;
ciego de amor,
mendingando querer.

Ya no puedo más,
prefiero estar...

Solo, solo,
solo ya sin ti;
solo, solo,
solo, es mejor así.

Tu total vanidad,
me cansé de ver;
mientras yo sufría,
tú te hacías más cruel.

Por tus arrebatos,
mi orgullo asfixié;
ya no más maltratos,
de ti me alejaré.

010887-R-100793

Mentira o Realidad

Como han cambiado las cosas,
el tibio verano
de frialdad se inundó;
un frio que secó las rosas
del frágil jardín
de la ilusión.

Como han cambiado las cosas,
todo perdió
su hermoso color;
como has cambiado preciosa,
¿te has olvidado
mi amor?.

De aquellas noches
que a medianoche
me llamabas junto a ti.

De aquellos besos,
de "nuestra historia",
de todo lo que te di.

Como han cambiado las cosas,
más difícil se nos hace,
buscar la solución;
no quiero decir adiós
pero contra la pared,
atrapado estoy.

011087-R-100793

Solo Tu Nombre

El tiempo
debilita el recuerdo;
yo quiero
y no puedo recordar
tu mágica sonrisa,
ni la luz de tu mirar.

Las rocas
se vuelven arena;
y la memoria
empieza a fallar;
las facciones de tu rostro,
apenas puedo imaginar.

Pronto todo se habrá ido,
todo recuerdo morirá;
lo único que llevare a la tumba,
será tu nombre nada más.

Ni siquiera
la vida perdura;
tiempo
y distancia son veneno
para el que vive de nostalgia
y el que no puede regresar.

Pronto todo se habrá ido...

011087

Amor Puro

Toma mi mano, no temas,
caminemos juntos;
yo no le temo al futuro;
tu mundo es mi mundo.

Perder un día es pecado,
mi corazón es tuyo;
eso lo sabes bien,
no perdamos un segundo.

Tus ojos penetran los míos,
comprueban lo mío es puro;
cuando cruzamos caminos,
hicimos de dos...solo uno.

Te gusta contar estrellas
en el cielo más oscuro;
mientras te digo te amo
entre besos y susurros.

Nunca te voy a fallar
eso dalo por seguro;
ámame así como sabes,
desde allí... de lo más profundo.

Que importa si la gente
nos critique de "inmaduros";
aguanta no sueltes mi mano,
no nos detendrán
ni abismos... ni muros.

Envidia, el peor enemigo,
amor y esperanza nuestro escudo;
y aunque me cueste la vida,
no te harán daño... te lo juro.

011187-R-012091

Necesito Saber

Necesito saber: "porqué",
nacer hijo de "ricos"
"nadie" puede escoger;
y si morir es injusticia,
¿qué no lo es?

Necesito saber: "porqué"
es capricho de la vida
de hambre padecer;
y si "pelear" es instinto,
¿qué no lo es?

La "justicia" es ley humana,
por lo tanto "justa" no es;
política y religión la fe me acaban
en su lucha por el "poder".

Es injusto
que haya "ricos" y "pobres",
es injusto
ser bueno y morir joven;
es injusto
que el hombre "juzgue" al hombre,
es injusto
que la justicia con dinero se compre.

011187

Ella No

Luz que rompe la penumbra,
rasga el humo y llega a mí;
en mi celda fría y oscura,
pesadas cadenas me impiden salir.

Escuché voces, pasos con eco,
creo que llegó el fin;
en silencio a Dios le ruego:
"no dejes que "ella" vaya a sufrir".

¡"Ella" no debe sufrir,
"ella" es un ángel, castígame a mí!;
yo aún no sé cómo llegue aquí,
solo sé que mi condena es morir.

Se abre la puerta "ella" está aquí,
me abraza, me besa, llora también;
me dicen los guardias: "tu tiempo se fue",
me apartan de "ella", la veo sufrir.

"Ella" no debe sufrir...

Con todas mis fuerzas: "!te amo!" grité,
salté de la cama, me desperté;
intranquilo escuché que sonaban las tres,
llamé a su casa, llorando la oí;
me dijo de un sueño en que yo iba a morir,
le dije: "tranquila... ya ves, ¡me escapé!"

"Ella" no debe sufrir...

011387

Seamos Amigos

Me acusas de "corrompido",
cuando tú no me viste crecer;
no supiste,
ni del pecado, ni del motivo;
además eso fue ayer.

No creas que no he querido
limpiar la reputación que ensucié;
nadie es perfecto,
seguro lo digo;
además eso fue ayer.

La ignorancia
es la peor virtud
y la inocencia
precaria debilidad;
nada puedes
cambiar con tu actitud,
el fuego de la vida
forjó mi pensar.

Me acusas por mi distinto estilo,
¿es eso lo único que sabes hacer?;
¡basta de quejas!
¡seamos amigos!;
además eso... fue ayer.

011487

Cuando Tu Pareja Necesita De Ti

Otra vez
he vuelto a beber;
caí en el abismo
del tonto placer.

Otra vez
volví a fallarte;
estoy tan confuso,
me apena mirarte.

Pero tú,
me tiendes la mano,
me dices: "«te amo»,
sufro al verte así,
por ti y por mí".

Entonces
pienso al futuro,
y en silencio te juro:
"lo haré por mí,
luego por ti".

Ya jamás
vuelvo a "tomar";
no vale la pena
hacerte llorar.

Y de ti
no salen reproches;
me apena este vicio
que me arrastra al derroche.

Pero tú...

011487

Lagrimas

Cierto que hay más de una
razón para llorar:
alegría, emoción, nostalgia
o por dolor;
la "lagrima", poesía magistral,
ternura que toca
al corazón.

Benditas sean
"gotas de cristal"
que resbalan de unos ojos
de mujer;
asemejan "diamantes de sal";
lenguaje que se hace
entender.

Lagrimas
de pena, de dolor,
lagrimas
de alegría, de perdón,
lagrimas... lagrimas.

Mil palabras imposible describir,
son en un hombre:
"el último recurso";
en una mujer:
"desahogo de cada día";
en un niño:
"desengaño de este mundo".

011587

Señor De Poesía

Con el corazón inspirado,
no hay sueño o cansancio;
tu espada es la pluma,
que presta apunta,
tu escudo el papel;
Señor de poesía.

Para ti, que fundes tu vida
a metáforas elusivas
y haces bellas rimas,
con pasión obsesiva,

No hay ni pena, ni gloria
te olvida la historia,
no te importa a ti;
tu afán es poder compartir,
es inspiración y tinta unir,
un destino a cumplir.

Para ti dejar en la gente
un recuerdo latente
es sueño anhelado;
para ti el duro trabajo
es placer incoherente,
Señor de poesía.

Para ti el ver a una niña
recitando tu "rima",
es no haber fracasado;
y aunque a veces atacado,
nunca soltarás tu pluma;
Señor de poesía.

011587

Firmamento

Se oculta el sol
tras las montañas;
yo en mi ventana
lo veo morir.

Fijo mi vista
en el firmamento;
se acerca el momento
de verte salir.

Estrella mía,
¿cuándo llegarás?;
te veo tan lejana,
¿cuánto tardarás?.

Estrella mía,
mi vida es tan corta;
tal vez no esté aquí,
cuando llegues "preciosa".

Se pasan las horas,
hablando en silencio;
te comparto secretos,
te gusta oír bellos cuentos.

Ya entrada la noche,
con un beso tuyo;
después de amarte
me voy a dormir.

Estrella mía...

011587

Es Inútil

Caminar
sin parar;
quiero alejarme
de ti.

No pensar
más en ti;
quisiera volverme
humo gris.

Y dejar de existir,
y no volver junto a ti;
pero es inútil,
ya eres parte de mí.

Acepto
que sin ti;
no sufro, pero no
puedo vivir.

Caminar
sin parar;
quisiera perderme
debajo del mar.

Y dejar de existir...

011587

Imperfección

No todo en la vida
es miel,
tú lo sabes;
habrá momentos
difíciles,
no deseables.

No es que yo lo diga,
así es,
no te engañes;
no existe el amor perfecto,
los "errores",
son "detalles".

Dale otra oportunidad
al romance,
si crees que la merece;
porque el amor se agrieta
y se deshace,
sin el perdón, se desvanece.

No habrá una primavera
sin un día nublado,
lo sabes;
calma sigue a la tormenta,
yo te amo,
como nadie.

Dale otra oportunidad...

011687-R-112691

Perderte Para Vivir

Tengo que admitir,
me dolió que adiós dijeras;
pero el sol no se detuvo
y mi vida dio brutales vueltas.

Si nos volvemos a ver,
te asombrarás aunque no quieras;
pues para bien o mal,
he transformado mi esencia.

No me arrepiento
de lo que he hecho,
lo hago por lo que no hice;
no me atormenta
ya tu recuerdo,
el pasado de "te quiero", es "te quise".

Difícil traer la imagen
de un bello ayer, yo que no diera;
no por volver a nacer,
volverte a ver... qué más quisiera.

No me arrepiento...

012287-R-121391

Inerme

Estoy pasando
mis días solitario;
como si estuviera
preso en una celda;
con el corazón
también encerrado,
solo estos fríos muros
saben de mi pena.

Es como
estar condenado
a morir
lentamente de amor;
instantáneamente
cegado,
sin la esperanza
de un rayo de sol.

Son tantas cadenas
las que me abrazan;
que intentar escapar
es tonta pelea;
no existe una puerta
cuando mi alma llora;
y ni un rayo de luz
me alcanza siquiera.

Es como...

012087

Separación

Comprendo
tu difícil situación
"amiga";
que buscas
encontrar la solución
debida;
pero yo no soy
"quien" para influir
lo que decidas hoy.

Si se volvió
tu fiel amor
"mentira";
si el intimidar
los dos
lastima;
tuya es la decisión,
quedarte a su lado
o decir adiós.

Divorcio de amor
por el bien de los dos;
divorcio de amor,
difícil decisión.

Si crees
que vale la pena,
"olvida";
si no,
deja la "comedia",
"termina";
tuya es la decisión,
quedarte a su lado
o decir adiós.

012387

Llegó El Amor

Hace unas semanas
que te conocí,
creo que desde "siempre"
tú vivías en mí;
y debes saber,
ya eres para mí,
alguien sin quien, no
podría vivir;
alguien que llegó
y me enamoró,
¿que más te puedo decir?.

Que pienso en ti
como en nadie más
y no puedo dormir
si "algo" sale "mal";
y que junto a ti
es como soñar,
todo compartir,
se ha vuelto necesidad.

Y no es un capricho
lo que me une a ti,
es algo tan difícil
para mi describir;
me llena de dicha
el verte feliz,
saber que eres mía
como soy de ti;
alguien que llegó
y me enamoró,
¿qué más puedo decir?.

Que pienso en ti...

012287

Mal Entendido

La esperaba en una esquina
mirando un aparador;
me encontré una buena amiga,
"ella" fue quien saludó.

Sus libros dejo a un lado,
con alegría me abrazó;
platicando del "pasado",
no sentí cuando "ella" llegó.

Enseguida me di cuenta
que algo andaba mal;
nos miró de fea manera
casi a punto de llorar.

¿Qué fue lo que pensó?,
no me dejó explicar;
llorando se alejó
sin siquiera escuchar;
¿qué imaginó, cuando "ella" llegó?,
¿qué imaginó, porqué se alejó?.

Me despedí, la fui a buscar,
la encontré en una banca;
había cosas que aclarar,
una de ellas: "desconfiar".

Hablamos como debía ser,
con el alma y con la verdad;
"ella" al final lo comprendió,
ya más tranquila... me abrazo.

012187

El Hilo De La Vida

Siempre traté
de vivir de honesto modo;
a veces pequé
porque soy humano ante todo.

Siempre intenté
mejorar poco a poco;
y a la gente dejé
vivir: "santos, "sanos", "locos".

Un trueno, dolor,
silencio... ¿qué sucedió?

¿Quién apagó la luz?,
¿quién me sujeta al suelo?,
¿quién apagó la luz?,
¿porque todo está en silencio?.

Siempre busqué
aliciente, aun entre escombros;
y lo poco que logré,
lo dediqué a mi madre solo.

Creo entender lo que ha pasado,
una bala mi camino ha cruzado
y el corazón me ha atravesado;
puedo jurar: ¡nadie va a ser castigado!

¿Quién apagó la luz?...

012687-R-011691

Cielo

Si no puedo mirarte,
si no puedo tocarte,
si no puedo oírte,
si no puedo sentirte.

Si no puedo amarte,
si no puedo olvidarte,
si no puedo vivirte,
si no puedo decirte.

Si del cielo llegaste,
y prometiste quedarte;
¿por qué al cielo volviste?,
y mis sueños deshiciste.

Prometo esperarte
más allá del tiempo;
me portaré bien
para el "rencuentro".

Si no puedo adorarte,
si no puedo acariciarte,
si no puedo verte,
si no puedo tenerte.

Si del cielo llegaste...

012987

Transparente

Lléname de luz el alma,
llévame a ver el alba,
clara, transparente
y blanca como tu... como tú;
compartiendo secretos y esos miedos
que nos han robado el sueño.

Lléname de paz y calma,
llévame a esa estrella "Alfa",
pura, inocente
y blanca como tu... como tú;
compartiendo esos momentos
mágicos de pasionales juegos.

Compartiendo secretos y miedos,
me estoy perdiendo entre tus brazos;
compartiendo las horas, los sueños,
en noches de huracanes... navegamos,

Lléname de fe y esperanza,
llévame a una tierra extraña,
hermosa, independiente
y blanca como tu... como tú;
donde sé que algún día llegaremos
allá donde nadie está, nos perderemos.

Compartiendo secretos y miedos...

012987

Por Su Culpa

Por su culpa
me arranqué el corazón
y lo arrojé con furia al mar,
se fue directo al fondo
pues no sabía "nadar".

Por su culpa
corté mi amor en pedazos
y lo puse a "congelar"
esperando que el hielo
pudiese mi pasión enfriar.

No fue así y "ella" no regresa,
caso perdido, perdí la cordura,
¿será mi destino siempre quererla?
estoy vuelto zombi y es por su culpa.

Por su culpa
inundé mi alma en licor,
esperando su amor ahogar,
perfecta letal combinación
de cerveza, whisky y mezcal.

No fue así y "ella" no regresará...

020387

Antes De Que Te Vayas

Regrésame
todas las noches ya idas
esperando que tú llamaras;
pude haber vivido mi vida
pero temía que te enojaras.

Regrésame
las "oportunidades" perdidas,
que por "fiel" ignoraba;
pude encontrar otra salida,
pero mujer... aún te amaba.

Ya la primavera se ha ido,
no será igual con "otra";
tu adiós como un cuchillo
el alma me destroza.

¿Por qué soy yo
el único que pierde aquí?;
¿no crees deberme algo
por todo lo que te di?

Regrésame
todos mis besos, mis caricias,
no quiero que te lleves nada;
como quisiera hasta mi imagen
de tu mente para siempre borrarla.

¿Por qué soy yo...

020487-R-021691

Si Pudiera Mentirte A Ti

Si te pudiera mentir,
yo te diría amor,
que tengo diamantes mil
y un palacio en el sol;
que me sobra el dinero
y dueño del mundo soy.

Si te pudiera mentir,
te engañaría amor;
para tenerte aquí
y no supieras que soy
el más humilde mortal,
cuan temeroso estoy.

Pero no puedo mentir,
temo que la verdad todo cambiará;
pero no debo mentir,
o tarde o temprano me pesará.

Si te pudiera mentir
te mentiría amor,
porque le temo al "fin",
porque le temo al "adiós";
tu mundo y mi mundo
en curso de colisión.

Pero no puedo mentir...

040587

Debo Estar Loco

Yo,
que jamás te he engañado,
que jamás te he olvidado,
que jamás te he hecho daño.

Yo,
que siempre te he adorado,
que siempre te he escuchado,
que siempre te he apoyado.

Debo estar loco
sin remedio,
pues soporto tu maltrato;
debo estar de amor
enfermo,
para no irme de tu lado.

Yo,
que nunca te he fallado,
que nunca te he juzgado,
que nunca te he maltratado.

Yo,
que nunca te he olvidado,
que nunca te he reclamado,
que nunca te he culpado.

Debo estar loco...

020687-R-022291

Otro Error

Con el corazón envuelto
en llamas
y una mirada de dolor
saturada;
"el" observa,
sufre y calla,
"ella" abraza,
acaricia y besa.

Fuertes latidos que ya
delatan,
un desesperado deseo
por lágrimas;
"el" observa,
sufre y calla,
"ella" abraza,
acaricia y besa.

Una vez más
el destino comete el error
de entregar
el "sentir" de "alguien" a "alguien más";
y así quedará,
porque la circunstancia no permitió
un distinto final
y un "tercero" de amor sufrirá.

Una desilusión que rasga
el alma,
traición que revienta
las entrañas;
"el" observa,
sufre y calla,
"ella" abraza,
acaricia y besa.

020787-R-022693

Una Señal

A pesar de que enloquezco
al callar mi amor por ti;
no creo que sea el momento
para mi corazón abrir.

Reprimidos mis sentimientos
por miedo a llegarte a herir;
al menos tu amistad tengo,
aunque así ya no puedo seguir.

Busco en tu mirada:
"luz verde"
y busco en tus palabras:
aliciente.

Una señal, un detalle,
una señal, promesa suave;
una señal, una clave,
una señal, por favor dame.

Que caiga "el muro" ansioso espero,
para poder demostrarte a ti;
el gran amor que llevo dentro
que ahora clama por salir.

Una señal, un detalle...

021087-R-033091

De Volón Pin Pon

Me dices que las ocho
pase por ti,
que quieres que te lleve
a dar el "roll";
prepárate preciosa
que ya voy por ti,
voy a hacer la tarea
"de volón pin pon"*.

Resulta que dispuesto
ya estoy aquí,
me dices desde arriba:
"ya bajo amor";
al diez para las once
bajaste al fin,
nos vamos rumbo al baile,
"de volón pin pon".

Llévame de volón pin pon,
bésame de volón pin pon,
tómame de volón pin pon,
todo lo hago de volón pin pon.

Al dos para las doce
te oigo decir
que como a la "Cenicienta"
te trata el reloj;
"ya casi es media noche
debemos partir,
debes llevarme a casa
"de volón pin pon".

Llévame de volón pin pon...

021287

Ya No Quiero Rodar

Ya no quiero volver
a mirar atrás, ya voy a olvidar;
cuando anduve "rodando"
solo vagando aquí y allá.

Ya no voy a volver
a "caer" jamás como los demás;
porque tengo un motivo
para estar vivo, para luchar.

Ya no quiero rodar,
quiero una vida como los demás;
ya no quiero rodar,
quiero una vida tranquila y normal.

Me voy a perdonar,
me voy a querer, me voy a ayudar;
y con el nuevo día,
mi nueva vida va a comenzar.

El sendero he cambiado,
mi pensamiento ya no es igual;
porque tengo un motivo
para estar vivo, para luchar.

Ya no quiero rodar...

021387

Vuelve La Espalda

Es imposible
el detenerte,
no puedo suplicar.

Vuelve la espalda,
anda despacio,
sin mirar atrás.

Pero promete
aunque me duela
que nunca a mi volverás;
porque este adiós
me hace pedazos
y otro no podría soportar.

Vuelve la espalda,
cómo negarlo,
quieres irte ya.

Cómo lastima
tener que callar
y verte marchar.

Pero promete...

021387-R-041591

Guárdame En Tus Sueños

Cuando muera el sol
y la noche llegue a ti
y sientas nostalgia
y hambre de mí.

Y la luna te arrulle
y te recuerde a mí;
yo estaré presente
en alma junto a ti.

Guárdame en tus sueños
y volveré a ti;
llámame en tus sueños
y volveré a ti.

Y siempre que puedas
acuérdate de mí;
yo haré lo mismo
pues así te prometí.

No dejes que mi memoria
el tiempo borre de ti;
aunque hoy estoy lejos
un día vendré a ti.

Guárdame en tus sueños...

021387-R-043091

Lo Que Me Llevaré

Cuando el "hilo" de mi vida
sea cortado,
cuando se me prohíba
ver el sol,
cuando la sangre pare
por mis venas,
cuando me llame a "cuentas"
"El Creador".

Cuando se extinga la llama
de mi vida,
cuando me sea imposible
decir palabra,
cuando como un ave
vuele al cielo,
cuando la luz a mis ojos
les sea negada.

Lo que me llevaré
serán solo "recuerdos",
recordaré a mis padres
cuanto por mi hicieron;
me llevaré mi amor,
también mis resentimientos,
me llevaré fracasos,
triunfos, ilusiones, sueños;
recordaré a todos,
en buenos y malos momentos;
lo que me llevaré,
a nadie se lo quitaré.

021387

Naturaleza

Ya juega el viento
con tu pelo,
corre así
entre las flores
por el campo,
libre así.

Deja que el sol
te bañe toda,
corre así,
que a la sombra
de ese árbol
te veo feliz.

Naturaleza, naturaleza,
el ave, el beso que vuela a mí;
cuanta pureza, cuanta belleza,
algo imposible de describir.

Deja que la niña
que vive adentro,
salga a jugar
con el sol,
tierna sonrisa
al verte tropezar.

Moja tus pies
en el arroyo,
juega así;
alcanza aquella
traviesa mariposa
y déjala ir.

022087

Nacer Amar Morir

El nacer infecta
la mente y la carne,
el alma es limpia; comienza
el viaje, un destino,
el final es el mismo,
"¿cómo?" es la parte incierta.

Amar es sublime
sentimiento sin duda;
atado a eterna ofensa
de lujuria y pecado,
carne, alma y mente
la batalla de la condena.

Morir pone fin
a todo propósito,
mil sueños, mil promesas;
carne y mente perdieron
solo el alma perdura
fin del camino, quimera.

Nacer, amar, morir,
llega, viene y se va la vida,
nacer, amar, morir,
eterna pregunta: ¿"aquí" termina?

Del polvo al polvo
quizá gloria, quizá infierno,
desde el frio suelo,
levantas un rezo al cielo.

022187-R-051391

Los Últimos Días

Noches inolvidables
enmarcadas por largos besos;
perpetuaron en mi alma
los más hermosos recuerdos.

Aunque cerca del ocaso,
nuestro amor mostró respeto;
hasta que un destino caprichoso
hizo pedazos nuestro sueño.

Aquellos serían los últimos días
del amor más grande de mi vida;
decir "adiós" fue una tonta salida,
y amar así a "otra", jamás podría;
los últimos días por ti guardaré,
los últimos días yo no olvidaré.

Y el ojo del ciclón
desbarata nuestros secretos;
y el calor de tu tacto
desvanece con el tiempo.

Ya no es fácil
traer tu imagen en cada intento;
te has ido "primavera",
no sola, pues llevas un "recuerdo".

Aquellos serían...

022487

Mi Fantasma

Dando vida a un cuadro,
deteniendo el reloj;
te asecha en tu cuarto,
cuando cae el sol.

Te observa a diario,
sombra escurridiza;
te canta en la radio
detrás de una cortina.

Es mi fantasma
el que te observa;
es mi fantasma,
el que tú sueño vela.

Cuida y ama,
sigue y calla.

Te arrulla de noche
sin que tú lo sepas;
y sin ningún reproche
llora tras tu puerta.

Es mi fantasma...

022587-R-052591

Frio e Indiferencia

Me has dicho
que "algo" en mi ha cambiado;
que no soy el mismo,
que tal vez, el amor se ha acabado.

No puedo negar,
que me siento "acorralado";
sé que te quiero,
más no estoy seguro, si aún te amo.

Triste de aceptar,
la dura realidad:

Siento de tu persona estoy preso,
más creo, no sufriré si te vas;
ya no siento el calor de tus besos,
y esta frialdad, no sé qué será.

No estoy jugando,
yo quiero seguir a tu lado;
pero esta indiferencia,
te juro, me tiene preocupado.

Siento de tu persona estoy preso...

022587

¿Atarte o Dejarte Marchar?

Cuando tú
de mi lado te fuiste,
no creí que fuera el final;
pero el tiempo
me lleno el alma
de dudas, no sé qué pensar.

¿Serías tú
la que mentiste
o yo que no quise hablar?;
pero seguro estoy
que a quien se ama,
jamás se le debe atar.

Si me arrepiento será
por haberte dejado marchar;
y mi tortura será,
no saber si algún día volverás.

¿Atarte a mí, o dejarte marchar?,
atarte era egoísmo, dejarte ir... sofismo.

¿Tendrías tú
algún secreto muy triste
que no me pudiste confiar?;
me está doliendo,
no sé si así fue
y no te quise escuchar.

Si me arrepiento será...

022687

Antes Que Sea Tarde

Dices que no es posible
nada entre tú y yo;
tú eres mujer, yo un hombre,
no veo, "porqué" no.

Tú no estás "atada"
y nena tampoco yo;
si hay "otro" pretendiente,
no te ama más que yo.

¿Por qué no
darnos una oportunidad?;
intentarlo
no nos "matará";
para hablar
llego el momento;
porque entre tú y yo
no ha habido secretos.

Tenemos mucho en común,
suficiente diría yo;
antes que sea tarde,
ábreme tu corazón.

¿Por qué no...

022687

Te quería, Te Quiero, Te Querré

Frio de desesperación
seguido de soledad enfermiza,
no tengo hambre ni sueño;
ignoro la noche
y me tiro en cama todo el día,
me violento... me calmo luego.

El incierto mañana
desvanece su abstracta simetría;
y escapar al reproche quiero,
pero no puedo;
abrir los ojos es clavar espinas,
es llorar el alma y dormirme luego.

Te quería, te quiero, te querré,
te desee, te quise... te amé.

No reniego de la vida
pero haberte perdido,
me despedazó;
no finjo una tragedia
pero la raíz que alzaba al roble,
de dolor se secó.

Sin aliciente, sin ilusión,
mi llama es ahora cenizas,
los cálidos y mórbidos besos;
frenético recuerdo
que al sentimiento martiriza,
se desvanece un segundo... regresa luego.

Te quería, te quiero, te querré...

022787-R-101091

Añoranza

Preso del deseo
de tenerte aquí;
mi vacío es inmenso,
sin fin,
acuérdate de mí.

Al paso tropiezo,
te necesito aquí;
te digo lo que siento
por ti,
acuérdate de mí.

Del día que te diste a mí,
de esas noches que unimos el corazón;
de los momentos hermosos
que compartimos sin alguna inhibición.

Ignoras como estoy,
que duro es seguir así;
no sabes que muero
sin ti,
regresa a mí.

De todo aquello
que no hice por ti;
te juro me arrepiento,
ven aquí,
acuérdate de mí.

Del día que te diste a mí...

022787

Promesa # 1

No quiero nada,
nada material;
¿Señor, la eutanasia,
es un buen final?

Señor, de mi vida,
Señor, ten piedad;
con tu misericordia
mi fe me mantendrá.

Solo dame fe.
¡fe nada más!,
para que en tu nombre
pueda yo encontrar;
tu recto camino,
hacia mi destino,
¡por fe lo hallaré!

Acoge mi ruego,
que quiero llegar;
a mirar tu "Reino",
¡quiero estar allá!

Solo dame fe...

030287

Romanceando

La "situación ideal"
una reunión de amigos;
tú y yo en un sofá,
escogiendo discos.

Te invitan a bailar,
sonrío para fingir;
tenían que "molestar"
cuando ya te iba a decir:

"Desde hace tiempo atrás
que siento algo por ti;
me gustas como nadie más
seguro estoy nací para ti;
solo dame una oportunidad,
seguir callando es morir".

Debo aceptar
que me falta valor;
mi timidez es brutal,
al rechazo es mi temor.

Otra oportunidad
encontraré mañana;
para a solas hablar
y decirte cara a cara:

"Desde hace tiempo atrás...

030587-R-111391

A La Luz y A Oscuras

Secretos en baja voz,
música
para el oído;
vuela la imaginación;
despertar
de los sentidos.

Instar al tiempo detener,
promesas
de doble filo;
todo podría suceder,
porque
amamos el peligro.

Y es que tú y yo
no tenemos dudas;
vivimos nuestro amor
a la luz y a oscuras.

Tu mano enlaza la mía,
todo
momento es propicio;
para curar las heridas
o festejar
otro triunfo.

Y es que tú y yo...

031087

¿Qué Duele Más?

De un tiempo acá
las cosas andan mal;
comienza a "pesar"
tanta libertad.

Perdonar... después pelear,
es triste, pero vital;
decirnos la verdad,
¿quién quiere escapar?

¿Miedo a la soledad?
¿tiene caso continuar?;
¿que duele más?,
¿pelear o perdonar?;
debemos detener
esta batalla de frialdad.

Si va a terminar
que sea sin transformar,
el amor cabal
en algo doloroso de olvidar.

De un tiempo acá,
nos separa un mar,
de celos y frialdad,
¿quién quiere escapar?

¿Miedo a la soledad?...

031387

Las Cosas Que Amo De Ti

Cuando tú me abrazas,
te dejas en mí, (te dejas en mí),
te siento tan mía,
te quiero proteger,
pero sin cambiar
tú forma de ser.

Cuando me sonríes
sé que eres feliz, (sé que eres feliz),
eres tan traviesa,
tan niña, tan mujer,
me traes de cabeza,
te diré "porqué":

Cada día me inspiras
a ser mejor, a crecer,
gracias por despertar
a mi lado cada amanecer;
tus hermosas manos
saben que hacer,
arreglarme el cuello,
rozarme y encender.

Son tantas cosas
que amo de ti (que amo de ti),
que yo no podría
decir que: "no lo sé",
tan frágil, decidida,
tan libre, tan fiel.

031487

No Te Servirá

Crees que al alejarte,
tu memoria me borrará,
y que tus promesas
el viento arrastrará.

Crees que eres libre,
¡mentira, atada estás
con hilo invisible,
y jamás me olvidarás!

Crees que a la distancia
ya no me amarás;
quizá el amor se extinga,
¡pero el "ayer"... jamás!

Piensas será fácil
todo esto olvidar;
perdona, te equivocas,
¡hasta el fin me llevarás!

No me puedes destruir
y mañana aceptarás;
no importa lo que hagas,
¡huir no funcionará!

¡No podrás escapar
mi recuerdo jamás!;
de miles de recuerdos,
muchos de intimidad.

031587

Por Falta De Pruebas

Un juez, mi abogado, dos testigos "comprados":
"la envidia y el odio"; yo era el "acusado";
detrás del estrado, yo era el más callado,
cuando un anciano, recitó los cargos:

"A usted se le acusa
de romper con las reglas,
de robar varias estrellas
por complacer a "ella";
de pintar paredes muertas
con el nombre de "ella",
de quitarnos lunas llenas
para amar a "ella";
de cortar nuestro arcoíris
para hacerle una diadema;
nos ha puesto en un dilema,
por eso se le condena".

El juez muy preocupado,
intrigado, me ha preguntado:
"Y que dice el acusado
ante la «corte del amargado»".

Yo no había escuchado
lo de "amargado";
y le hablé un buen rato
de amar y ser amado.

El juez quedó infartado,
el jurado no dio su fallo;
"Amor": vocablo extraño,
en la corte que he citado.

031687

Semilla

Con su voz cansada
me llamaba a su lado;
sus lentes y ese "libro",
sobre su regazo.

Yo supe más tarde
que se llamaba "Biblia",
el libro que mi abuela
siempre me leía.

"Para estar con Dios",
siempre me decía:
"busca religión,
siempre lee la Biblia".

Siempre a pasos lentos,
siempre con "chalina";
dejando en mi alma,
aquella "semilla".

Ya no oigo su voz,
sabía en tantas cosas;
ella esta con Dios,
ella "duerme" ahora.

"Para estar con Dios"...

031787

Ni Lo Intentes

¿Por qué quieres corregirme?,
¿por qué intentas que yo cambie?;
en lo que hago,
en lo que digo,
en mis detalles.

¿Por qué quieres transformarme?,
¿por qué buscas distorsionarme?;
en como soy
y como amo,
¿qué ya olvidaste?

Que dijiste:
"yo te amo como eres,
quizá de otra forma
no te habría amado";
quieres alterar mi esencia,
ni lo intentes, porque
yo me iré de tu lado.

¿Por qué quieres adecuarme?,
¿por qué tratas de desequilibrarme?;
en como pienso,
en como siento,
¿qué ya olvidaste?

Que dijiste...

032087

Atado A Ti

Hacer tantas cosas,
decidir lo que quiero,
tener mi tiempo a solas,
decir: "hoy no puedo".

Hablar de otro "tema",
ser "libre" en mis sueños;
romper mis cadenas,
podría irme si quiero.

Pero estoy atado a ti,
cuanto haría yo sin ti;
pero estoy atado a ti,
ámame o déjame ir.

Podría tener una amiga,
siempre decir lo que siento;
¿qué me amas?, ¡ni lo digas!,
me "celas" todo el tiempo.

Perderme entre la gente,
desconectar el teléfono;
libremente divagar mi mente,
podría irme al infierno.

Pero estoy atado a ti...

032487

Piénsalo

De lo que siento por ti,
he hablado ya;
y te veo un poco indecisa,
no te quiero forzar.

No me contestes ahora,
ve a casa a dormir;
toma tu tiempo no importa,
no te preocupes por mí.

Y no te sientas forzada
o con miedo a lastimar;
resuelve si me amas,
si no, nada cambiará.

¿Qué sientes cuando estas junto a mí?,
¿qué piensas de mi forma de ser?,
¿qué quieres que sea yo de ti?,
dime, que sabré comprender.

Y si crees que es la hora
de darme la oportunidad;
escribiremos la historia
más bella del verbo amar.

Y no te sientas forzada...

040187

Presentimiento

Ya no vamos
como antes abrazados,
tu protegiéndote en mi;
ya no estamos
como antaño ilusionados,
al amar, al vivir;
y buscamos
un pretexto tonto o falso
para reñir.

Presiento un cercano fin
y no te echo la culpa,
como me la echas a mí;
será que no sé quererte
o que no confías en mí;
presiento un cercano fin.

Ya no damos
un apoyo sin recato,
hoy das, si yo te di;
ya no hablamos
de las cosas que planeamos,
¿para qué?, señal de el "fin";
y buscamos
un pretexto inventarnos
para reñir.

041687

Por Mis Venas

A veces cuando miro
tu gran corazón
a través de tus ojos,
me siento tan afortunado;
no es la única razón
pero son tantas mi amor.

Entre mutuas caricias,
nuestros cuerpos perspirando;
a través de tu piel
van mis dedos besando
tu cuerpo y tu pelo,
palabras mudas, amor sincero.

Nadie como tú, un bello sueño,
como arroyo de ternura;
poema ardiente en noches frías
llenando mi vida tu dulzura.

Te agradezco sinceramente
invitarme a decidir juntos
el siguiente paso a seguir;
transparente entrega,
te gusta hablarme al oído
jugueteando como niños.

En tus labios guardas
sinceras promesas;
yo cuidaré esa inocencia
que sé leer en tu sonrisa;
ya corres tú en mis venas,
mi niña, mi reina...mi princesa.

040787

Tu Estrella

Mira al cielo
cuanta estrella,
unas lejos,
otras cerca.

Con tu mano
aparta aquella,
que deseas
sea tu estrella.

Ahora ponla en tu ventana,
que su luz llegue a tu cama;
luego ponla bajo tu almohada
que su brillo invada tu alma.

Tus secretos
cuéntale a "ella",
sea grande,
sea pequeña.

Y cuando duermas,
tú estrella,
cuidará
de quien tú quieras.

040887

Por Ser Como Eres

Amas tus sueños
y veo como día con día
luchas y no abandonas
tus metas... me inspiras.

La vida y sus problemas
y aun los futuros retos,
no te intimidan...
sabes que venceremos.

Sonríes, lloras y vives
y reconoces tus errores;
te admiro y aprendo de ti
disipando así los temores.

Y tu gran corazón brilla
con tu afán de ayudar
al que necesita una esperanza;
cuenta conmigo hasta el final.

Eres fuerte, aun frágil
y femenina como ninguna;
y no eres perfecta
pero como tú... solo una.

Gracias por ser como eres,
balanza de nuestro amor;
te juro nunca fallarte,
desde el fondo... de mi corazón

041087

Conclusión

Si nacimos del amor
la virtud universal
y con la venia del Señor,
no nos falta techo y pan.

Se nos dio un corazón
con doble utilidad;
capaz de sentir amor,
capaz de sentir piedad.

Se nos dio capacidad
para reír, para llorar;
esperanza en el dolor,
albedrio en el bien y el mal.

Y es esta condición
que algún día nos cobrará
cada mala decisión;
justicia imposible de burlar.

Es por eso que el amor,
no se compra y no se finge;
esta allí tan cerca, pero no
para el que no cree que existe.

041287

Robaste Mi Corazón

Sin pedir permiso,
robaste mi corazón;
te perdono hermosa
me hiciste un gran favor.

Lo único que te pido,
no lo expongas al dolor;
que aunque es fuerte,
es frágil... es soñador.

Creo que es justo
me des el tuyo también;
prometo darle cariño,
te juro cuidarlo bien.

El corazón guarda el alma
eso que nos hace ser;
el camino es largo,
¡pero hermoso será, prepárate!

Robaste mi corazón,
en una noche especial;
donde nuestros cuerpos
pactaron eterna lealtad.

Una estrella con tu nombre,
esa noche te dediqué;
mi hermosa compañera,
yo también el tuyo robé.

El corazón guarda el alma...

041487

Adriana

Ayer entraste a mi vida
y ya eres alguien "especial";
alguien a quien di la luna
y sin egoísmo, allá mismo,
la fue a dejar.

Para después en un abrazo,
unirte a mí sin importar,
los fantasmas de mi pasado;
por eso te empiezo, sin miedo,
a amar.

Adriana,
Adriana te empiezo a amar;
Adriana,
Adriana, sin miedo a errar.

Sin miedo agarrando mi mano,
me inspiras a volver a soñar;
sin duda mi mundo has cambiado,
promesa inmensa cual mar.

Gracias a ti decidí,
esas antiguas rosas debo tirar;
secas flores de un desierto,
falso pasado que quiero olvidar.

Adriana...

041687

No Sé Si Soñé

Dormitaba solo sobre mi barca,
más que pescar, buscaba calma;
arrullo de mar, oscuras aguas,
frías y quietas,
bajo la luna... parecía flotar.

Y divagaba con los sentidos,
estado especial sin tiempo o lugar;
en éxtasis mental, pensaba mil cosas
y nada a la vez,
soñaba tal vez.

Sentí de repente que "algo" debajo
tensaba el sedal, fijé mi mirar,
hacia ese lugar... y la pude ver
a la luz lunar,
una cierto halo su silueta parecía emanar.

Hermosa ninfa del mar,
¿eras un sueño o una bella verdad?,
tus verdes cabellos, tu azul mirar,
me envolvieron el "algo" que no sé explicar;
sentí miedo, deseo, pasión,
ternura, ansiedad y amor,
ese éxtasis segundos duró,
abrí los ojos... solo estaba yo.

No sé si soñé contigo en verdad,
hoy "vivo" en la barca de aquella noche;
ansió con demencia cada luna nueva
el verte llegar,
hermosa ninfa... ninfa del mar.

Hermosa ninfa del mar...

041887

Beso

¿Para qué palabras?,
¿para qué mil versos?;
si todo lo dices
con un tierno beso.

¿Que me adoras?, con un beso,
¿qué me amas?, con un beso,
¿qué me apoyas?, con un beso,
¿qué me extrañas?, con un beso.

¿Para qué discursos,
locuras, consejos?;
si todo lo dices
con un dulce beso.

¿Que me quieres?, con un beso,
¿qué me mimas?, con un beso,
¿qué me enciendes?, con un beso,
¿qué me estimas?, con un beso.

Más que una mirada,
que el más tierno sueño;
todo me lo dices
con un blanco beso.

¿Que me adoras?, con un beso...

042087

Esa Parte De Ti

Amo esa parte de ti,
sabia y discreta;
que hace más fácil
mi vida, gracias princesa.

Amo esa parte de ti,
tierna e inocente;
que me necesita
y me pide ser fuerte.

Amo esa parte de ti,
juguetona y traviesa;
que con solo un beso
me advierte una sorpresa.

Amo esa parte de ti,
optimista y soñadora;
siempre dispuesta
y lo que vale atesoras.

Amo esa parte de ti,
que siempre comparte;
altruista y generosa,
no dejo de admirarte.

Amo esa parte de ti,
que respeta mis ideas;
y aún en desacuerdo,
te creo y me creas.

042287

Maneja Mi Auto

Mi chica
quería un auto
y no sabía manejar;
yo muy atento
ofrecí el "mío",
para practicar.

Le dije: "Ponte atenta,
esta es «primera»,
este es el «clutch»,
vete despacio,
a tu derecha
esta el acelerador".

"Ella" quería
aprender a manejar,
metió "primera"
y a fondo aceleró;
por pura suerte
no fuimos al hospital,
cuando un poste,
dijo "ella": "se atravesó".

Hoy, ya no quiere un auto,
dice que:
"!postes hay más!";
hoy quiere pilotear una avioneta,
"!yo quiero
a mi mamá!".

"Ella" quería...

042387

Bajo La Luna

Alientos unidos,
se perdían en la oscuridad;
dos siluetas,
dibujando intimidad.

Sobre la hierba
"ella" el cielo podía mirar;
bajo la luna,
como otras veces... se iban a amar.

El frio viento los envolvía
pero sus pieles ardían;
era la hermosa luna
su ocasional "celestina".

Aquel claro en el bosque,
nuevamente escondería;
dos cuerpos, suaves roces
y suspiros ajenos al día.

Miles de estrellas,
"el" en sus ojos veía brillar;
no, no es deseo,
lo de "ellos"... va más allá.

El frio viento los envolvía...

042587

Cuando Necesité De Ti

Cuando necesité
alguien cerca de mí;
más te alejabas tú,
más me sentía morir.

Cuando necesité
solo un poco de amor;
más te alejabas tú,
más te buscaba yo.

Hoy es inútil ya
que quieras aquello borrar;
aprendí a vivir sin ti,
aunque a veces lastima recordar;
memorias de ti,
recuerdos de un fin.

Cuando necesité
una luz en mi oscuridad;
más te alejabas tú,
te negaste a brillar.

Cuando necesité
alivio a mis heridas;
más te alejabas tú,
más me dolía la vida.

Hoy es inútil ya...

042687

Hambriento y Sediento

De una mano amiga,
de un corazón sincero,
de alguien que no finja,
¡oh Dios, estoy hambriento!.

De alguien que me quiera,
que llene mi gran hueco,
que me acepte en mi esencia,
¡oh Dios, estoy sediento!.

De caricias, de cariño,
y de amor, hambriento;
de calor, de afecto,
y de sueños, sediento;
hambriento, sediento,
hambriento, sediento.

De una mujer tierna,
de un fiel sentimiento,
de alguien que me entienda,
¡oh Dios, estoy hambriento!.

De una caricia pura,
de un amor primero,
de alguien imperfecto,
¡oh Dios, estoy sediento!.

De caricias, de cariño...

042887

Solo Basta

Basta el mencionar,
un nombre, un lugar;
basta una canción,
una calle, un ademán.

Basta hablar del ayer,
leer las viejas cartas;
pasar frente al "café",
oír en otra sus palabras.

Para revivir un bello recuerdo,
para maldecir algo que lastima,
o para pensar: "fue algo tan tierno",
o para llorar un poco de alegría.

Basta una palabra
a veces sin sentido;
basta una mirada
o un gesto repentino.

Basta ver su foto
u oír hablar de "ella";
basta ver a "alguien",
que a "ella" se parezca.

Para revivir un bello recuerdo...

042987

Sacaste Boleto

"Pig" le decían
por sus modales;
siempre en la esquina,
en la misma calle.

Siempre "abusando"
de "quien" pasaba;
a veces "transando"*
o molestando a las "chavas"*.

"Pig" te tenían, terror, terror,
bien lo recuerdo, pavor, temor;
pero aquel día, salió el "león",
¡"sacaste boleto"* pero no pa'l "progol"*!

La seis de la tarde,
pasaba mi hermana;
y de tu "bocota",
salieron "arañas"*.

Cuando lo supe,
me vi al espejo;
"verde" me puse,
¡"sacaste boleto"!

"Pig" te tenían, terror, terror...

051187

No Fue Coincidencia

En ese bello ensueño
que tiene tu mirada;
y esos ojos claros
me robaron el alma.

Y cuando aprietas mi mano
ríos de sueños se derraman;
una emoción debilitante
cuando un beso me regalas.

Y le agradezco a Dios
que juntó nuestros caminos;
no fue por coincidencia
que tú y yo nos conocimos.

Nada podrá separar
lo que "El" ha juntado;
le pese a quien le pese
juntos tu y yo caminamos.

Y la fe de tu sonrisa,
me inspira cada mañana;
a dar lo mejor de mí
a esa esperanza en tu mirada.

Nada podría separar...

052187

El Amor Cambia

Dicen que por amor
todo puede cambiar;
si no soy el mejor,
por ti voy a intentar.

Tengo un pasado yo,
que tal vez me hizo así;
y un hueco en mi corazón
ansioso y hambriento de ti.

No lo pienses mucho
verás que podré;
mis malas costumbres
por ti cambiaré.

Quizá algunos me repudien
si olvido el ayer;
pero cambiaré, no dudes,
mi forma de ser.

Creo que lo lograré,
sigue creyendo en mí;
¡no fallaré, cambiaré!,
morir intentando es vivir.

No lo pienses mucho...

051387

¿Qué Me Queda?

Me dejas,
creo que sé el motivo;
he sentido
el final venir,
no mientas
al decir que me has querido;
sé que fui
tu pasatiempo a ratos.

Me apena
descubrir lo presentido;
el corazón
quiere estallar,
mil escenas
revientan mis sentidos;
¿qué me queda?,
resignarme y no llorar.

Más me quedo con tu voz,
tu mirada, tu aroma;
con tu imagen, tu risa
y el sabor de tu boca.

Recuerda
que fuiste quien habló,
no sé,
si con entera convicción;
me matan
las dagas del adiós;
esta noche
me ahogaré en licor.

Más me quedo con tu voz...

051587

Para Mi Compañera

¿Recuerdas la noche
en que te conocí mi amor?;
fue en un café,
allí se cruzaron nuestros caminos.

Desde esa noche,
nunca más nos separamos;
horas en el teléfono,
había tanto que contarnos.

Y como olvidar
como apostando;
nuestro primer beso,
fue así... "jugando".

Desde aquel día,
hemos vivido amando;
compartiéndolo todo,
uno al otro respetando.

En la tormenta y la calma,
más amor nos juramos;
tantos momentos bonitos
cada noche celebramos.

Nunca te dejaré de amar,
el camino de la vida;
lo has hecho un placer,
te amo, desde el fondo... de mí ser.

051987

Tonto De Mí

Siempre te creí,
confié en ti;
sordo me volví
a lo que oía de ti.

¿Por qué?, ¿por qué a mí?,
si todo te di;
fui un juego para ti,
tonto de mí.

Siempre te ofrecí
lo mejor de mí;
ciego me volví,
reúse creer lo que vi.

El amor me cegó,
sordo me volvió,
por ti;
y no te importó
que sufriera yo,
tonto de mí.

Tuve que fingir,
no quería un fin;
por no discutir,
callando viví.

El amor me cegó...

052087

Por Todo Lo Que Dieron

Tú me diste alimento,
mientras "el"
me ensenaba a volar;
tú me diste calor,
mientras "el"
proveía un hogar.

Una mano tierna
y otra fuerte tuve;
la tierna en mis tropiezos,
consolándome en mis penas;
la fuerte siempre de guía,
"cuenta conmigo", decía.

Hoy los extraño,
los quiero y los llamo;
mamá tus tiernos abrazos
me dieron protección;
papá cuidaste mis caminos
con ejemplo e inspiración;
por todo lo que dieron,
¡dales más... Señor!

Tú me diste comprensión,
mientras "el"
la vida me enseñó;
tú me diste tanto amor,
mientras "el"
mis fantasmas ahuyentó.

Hoy los extraño...

052587

Búsqueda

Tratando muchas chicas,
el amor quería conocer;
entre besos y caricias,
no las pude entender.

Aquella muy conflictiva,
aquella otra demasiado "libre",
aquella quería controlarlo todo,
aquella una celosa irreversible.

Aquella solo quería cambiarme,
aquella otra un tanto "cruel",
 aquella solo "jugar" quería,
aquella muy caprichosa fue.

Aquella demasiado interesada,
aquella otra eternamente infiel,
pero en un descuido de la vida,
te encontré, así... tal como te soñé.

Mi búsqueda ha acabado,
mi espera llego a su fin;
si anduve improvisando,
te estaba esperando a ti.

Aquella muy conflictiva...

052787

Yo Mismo

Algo me está pasando,
yo ya no soy yo mismo;
ni yo mismo estoy seguro,
estoy tan confundido.

De alguna manera pasó,
me siento algo distinto;
como si por verte contenta,
he cambiado mi camino.

Este cambio involuntario
me pone frente un abismo;
este no soy yo, nunca fui,
mi esencia está en peligro.

No te culpo de lo que me pasa,
sin embargo sé que es por ti;
me he alejado de mí mismo,
y no sé cómo volver a mí.

Me perdí al vivir para ti,
no sé, cómo te explico;
que de alguna manera siento
que al amarte me olvidé... que existo.

060187

Juegos

La tarde lluviosa invita
los planes de salir a cambiar;
la pasaremos en tu casa,
a ti y a mí, nos gusta el plan.

Tus padres en el piso de arriba,
la sala nuestro favorito lugar;
como otras tantas veces,
veremos llover desde el sofá.

Hacer "tarea" es el pretexto,
así nadie nos molestará;
libros listos pero ignorados,
pues nuestra juventud estallará.

Jugaremos con la pasión,
como tantas veces hemos hecho;
cuerpos desnudos,
jugando al amor,
jugamos con fuego;
lo sabemos, no importa,
y a ser descubiertos
corremos el riesgo.

Tu mamá baja más al rato,
sus pasos nos vuelven a la realidad;
dos segundos, ya estamos vestidos,
creo que "ella" lo sabe, y nos deja "jugar".

060687-R-041291

Hacia El Sol

Recuerdo bien el día,
en que volaste al sol;
la espada que clavaste
cortó un corazón en dos.

Como eras de vidrio,
no pude alzar mi voz;
la espalda encorvada,
escuchando tu adiós.

Aquel día, aquel momento,
paralizado en el tiempo;
dejándome atrapado,
como una foto en un cuadro.

Aquel segundo, aquella hora,
pusieron mi vida en "coma";
de asfixia muriendo,
en soledad sufriendo.

Como eras de agua,
en la lluvia te perdiste;
lágrimas que inundaron
un desierto y mar lo volviste.

Como en cuentos de hadas,
princesa, caballero, dragón;
pero crecieron tus alas
y volaste hacia el sol.

Aquel día, aquel momento...

060887

Envíame Un Ángel

Voy buscando un amor
a quien entregarme
con todo mi ser;
voy pidiéndole a Dios
me mande un ángel,
una buena mujer.

A quien entregarle
lo mejor de mí;
a quien escucharle
y por "ella" vivir.

Envíame un ángel,
envíame un ángel.

Voy caminando a solas
entre un mundo de gente
deseándote encontrar;
estoy guardando las cosas
que mi alma no entiende
y que tú aclararás.

A quien entregarle...

061087

Alguien Como Tu Para Alguien Como Yo

Alguien que sea muy tierna,
que viva y crea en el amor;
alguien que sea sincera
y que comparta mi ilusión;
alguien así busco yo.

Alguien que me comprenda,
que nunca mienta, que no sea cruel;
alguien que sea discreta,
impredecible, que sea fiel;
alguien así busco yo.

Alguien como tú,
para alguien como yo;
alguien como tú,
alguien así busco yo.

Alguien que sea traviesa,
dulce e inocente;
alguien que me encienda,
que tenga llama en la pasión;
lo mismo ofrezco yo.

Alguien como tu...

061187

Para Eso Estoy Aquí

Con infidelidad,
rompieron tu corazón,
me duele verte así;
quisiera en un instante detener
tus lágrimas... quisiera,
más nada puedo hacer.

¡Anda desahógate!,
¡para eso estoy aquí!,
me conmueve verte sufrir;
que diera por poder,
tomar tu dolor... quisiera,
y aliviar tu padecer.

El engaño rompe
el alma, la hace pedazos
y quieres allí morir;
tu pena imposible contener,
te abrazo... quisiera
tus sollozos remover.

¡Amiga, no sufras!,
¡tranquilízate por favor!;
lo peor ya pasó,
desahoga este dolor;
no es fácil... entiendo,
pero hoy "aquello" murió;
nada merece tu llanto
y la tormenta ya pasó.

Minutos eternos,
amor pagado con traición,
pero yo estoy aquí;
yo te voy a sostener,
este capítulo oscuro
hay que cerrarlo por tu bien.
061687-R-041291

Razones

Aunque intentes disfrazar
"esto" como un receso;
sé que esto es el final,
vamos a ser sinceros.

Quizá ames a "otro" ya,
tal vez ya no hay remedio;
no te voy a chantajear,
pero debo decir lo que siento.

Son dos razones
las que me mueven
para no dejarte ir:
"te amo",
"me complementas",
¿qué más puedo decir?.

Después de todo,
no me acabas de conocer;
ni estás conmigo a la fuerza,
pero es hora de resolver.

No es que no quiera aceptar
y lo mejor te deseo;
no me condenes por luchar
que mis razones tengo.

Son dos razones…

061887

Casi A Reventar

Conducir mi vida solo,
es tan difícil;
ya son cien las cartas
en que dices que vendrás.

Hace casi un año, no vivo,
esperándote;
¿qué sucede, porqué no regresas?,
estoy tan desesperado.

Y aunque tú me escribes,
y juras que pronto vendrás;
me sofocan los segundos,
lo siento, me siento reventar.

¡Detente maldito "tic-tac"!,
¡detente que voy a estallar!;
el corazón siente explotar,
desquiciado de tanto esperar.

Y en mi soledad me pregunto:
¿qué te detiene allá?;
ya son doscientas las cartas
en que dices que vendrás.

Y aunque tú me escribes...

061987

Mal Amor

No puedo olvidar,
no te hice caso;
cuando me necesitaste
solo te di "espacio".

Cuando pedías tiempo,
yo estaba "ocupado";
no le di importancia,
solo te hice a un lado.

Creo que hasta traté
de mi amor "racionarlo";
sentí que a veces
"castigarte" era necesario.

En vez de preocuparme
cuando te vi llorando;
me molestaba mucho,
creí estabas "exagerando".

¿Por qué no te escuché?

Ahora tengo que pagar
por mis errores;
el remordimiento es tal,
pero es tarde,
muy tarde para cambiarlo todo;
ahora quien sufre soy yo,
sin duda todo es mi culpa;
sin duda fui... un mal amor.

121085-R-061887

Paris

Por fin he acertado
al número "premiado";
ya soy millonario
y a Paris he viajado.

Paris, Paris,
conocí a Brigitte,
torre Eiffel me subí;
me volví un "gourmet"*,
¡ven aquí "mon petit"*!

Paris, Paris,
me hospedé Rue de Seine,
me bañé de Chanel;
Champs Elysées admiré,
¡playas, si!... en Havré.

Paris, Paris,
me casé con Brigitte
y la amé bajo el "Arco";
"faire l'amour"* en un barco,
!vende todo y vente un rato!.

Paris, Paris...

061987

Difícil De Decir

Cae mi universo,
me arrastra el viento;
lastima el tiempo,
sin ti aquí.

Y ya no puedo,
seguir mintiendo;
que aún te tengo,
que soy feliz.

Y me invento
un loco cuento
de que lo nuestro
no ha visto el fin.

Y a todo el mundo
le voy diciendo:
"que todo está bien";
me cuesta mentir.

¿Cómo decirte?
que estoy muriendo;
¿cómo acercarme?
si ya te has ido;
¿cómo olvidarte?
si sigues siendo;
mi vida misma,
mi mismo infierno.

062187

Muere El Amor

Me acusas
de ser un mal amor;
pero olvidas
esto depende de "dos".

Me culpas
de todo sin razón;
pones solo en mí
salvar esta relación.

Me presionas
casi a pedir perdón;
por lo que no hice,
ni siquiera sucedió.

Muere el amor,
y rehúsas responsabilidad
por tus fallas;
y esto nos lleva al final.

Muere el amor,
la tormenta se volvió huracán;
rehúsas tomar mi mano
y por esto comenzar a luchar.

Me exiges
hacer tu obligación;
no puedo hacerlo,
y esto parte mi corazón.

Muere el amor...

062687

Hechizo Roto

Como hoja seca
que cruje al pisar;
estalla mi cabeza,
sonido brutal.

Mirada perdida
que habla sin hablar;
suplicas vomita
porque tú te vas.

Pero esta vez,
no te detendré;
cerraré mis ojos
al decirte adiós.

Prefiero morir de amor,
a vivir de rodillas;
prefiero morir de amor,
a vivir de rodillas.

Corres por la acera,
de tacones vas;
vestido de seda,
que "otro" arrugará.

Algo en mi ha cambiado,
para bien o mal;
he roto el candado
y sé que aún dolerá.

Pero esta vez...
> Prefiero morir de amor...

062987

Cuídame Mucho

Tu más que nadie,
sabes como soy;
amante y amigo,
intento ser mejor.

Tu más que nadie,
sabes dónde voy;
sincero como nadie,
hazme un favor.

Cuídame mucho,
y ámame mucho más;
que a veces hasta el roble
se cimbra ante el trueno;
que a veces aunque hombre
necesito momentos tiernos,

Tú como nadie
conoce mi interior;
y aunque soy fuerte,
también siento dolor.

Tú como nadie,
comparte mi ilusión;
entiendes mis batallas,
hazme un favor.

Cuídame mucho...

063087

Sin Ángel Guardián

Antes me dormía,
tenía dulces sueños;
pues no conocía
el pecado, era ingenuo.

Antes yo tenía
mi guardián del cielo;
la luz de mis ojos
apagó el carnal deseo.

La maldad conocí,
a pecar aprendí.

Y aunque no soy malo,
la inocencia me ha abandonado;
y es que día tras día
mi alma se contamina.

Antes me invadía
un miedo atroz a la calle;
hoy es mi santuario,
la corrupción es incurable.

Antes sonreía
recuerdo que era feliz;
hoy no puedo amar,
ni soy capaz de sentir.

Y aunque no soy malo...

063087

Para Tus Ojos

Ojos que miran
desde la ventana;
que siguen mis pasos
con fiel esperanza;
me hacen saber
los deseos del alma;
no podría olvidar
jamás tu mirada.

Ojos que cerrados,
mil besos reclaman;
son mares que brillan
a la luz del alba;
un canto al amor,
sin voz, sin palabra;
no podría olvidar
jamás tu mirada.

Jóvenes ojos,
profundos ojos,
claros ojos,
sinceros ojos,
hermosos ojos,
inocentes ojos.

Ojos que besan
a la distancia;
que llevan promesa
a un beso atada;
que acarician,
que perdonan;
ojos que llevo
fundidos al alma.

070187

Te Portas Mal

Preso de tu terquedad,
solo, en medio del mar;
tengo sed, sed de amar,
tú racionas lo que das;
te portas mal.

Ya lograste doblegar,
mi orgullo, sin chistar;
desconozco tu plan,
y aún trato de aguantar;
te portas mal.

Me trato de esforzar
para no renunciar;
necesitamos hacer la paz,
darnos una oportunidad;
te portas mal.

¿Por qué un día tan fría
y al siguiente tan cariñosa?;
¿por qué causar heridas
que a ambos nos sofocan?;
¿de qué se trata este juego?,
no puedo más;
¿quieres que acabe lo nuestro?,
te portas mal.

Necesito saber la verdad,
¿qué tratas de probar?;
te amo, más al final,
no te quiero lastimar;
te portas mal.

¿Por qué un día tan fría...

070887

No Para De Llover

Las seis,
nublada la ciudad;
no me importaba nada,
comenzó a llover;
y vi
a todos correr,
la ropa mojada;
charcos en mis pies,
no para de llover.

Cayó,
al suelo una lágrima;
de lluvia "disfrazada"
oculta en mi piel;
llorar
por todo y por nada,
así lo siente mi alma;
difícil de entender,
no para de llover.

La lluvia me ayuda,
mojando mi cara;
todo lo que escurra,
cree la gente... es agua.

070887

Así Será

Cuéntame cómo vives tu vida,
desde que empiezas el día;
cuéntame tus penas y glorias,
tu secreta historia;
déjame saber.

Quiero arder al calor de tus manos,
y beber tu néctar de labios;
pon tu nombre en mi corazón,
antes que muera el sol;
dame amor.

Así será más fácil
hacer de esto algo sin par;
inmenso cual mar,
un compromiso racional;
así será... ¡así será!

Ya después nos daremos el alma,
ambos deseos en una gran llama;
sabrás que mi amor es sincero,
tierra y cielo... fusión de dos cuerpos.

Así será más fácil...

071087

Perdón Señor

Quisiera ser más digno,
quisiera ser un ave;
para acercarme
a tu cielo... ¡Señor!.

Quisiera ser a tus ojos,
más Señor de lo que soy;
pero algo me impide
ser bueno... ¡Oh Dios!.

Toca mi alma Señor,
tu siervo te pide perdón;
haz de mi lepra una flor,
transforma mi alma... ¡Señor!.

Estoy tan lejos de tu camino,
todo el tiempo te he fallado;
tú sabes,
que hoy vivo arrepentido... ¡Señor!.

Da prudencia a mis labios,
que sea tuya mi oración;
¡libérame!,
del sucio pecado... ¡Oh Dios!.

071387

Así Me Siento

Recostado como muerto,
tan cansado, veo incierto
el futuro y el momento,
maltratado el sentimiento;
trastornado por el tiempo,
así me siento.

Y no regresas
a mi lado,
me he vuelto fiel esclavo;
de tu pasado,
casi acabado,
atormentado,
vivo desesperado;
loco de ansia por ti,
así me siento... así.

Deshecho, sin aliento,
ciudadano de un infierno;
¿dónde estás?, estoy enfermo,
confundidas mente y cuerpo;
personaje de un cuento,
así me siento.

Y no regresas...

071387

Lo Acepto Yo, Lo Aceptas Tú

Quisiera divagar, olvidar,
cuanto te necesito y te extraño;
me quiero tirar a un volcán
a buscar descanso, inútil reclamo.

Quisiera volar, algo no usual,
de mirar tu foto ciego estoy;
tomar y vagar rutina es ya,
réquiem absurdo, bala en un cañón.

No puedo vivir sin ti, lo acepto yo,
no puedes olvidarme, lo aceptas tú;
lo acepto yo, lo aceptas tú,
te amo yo, me extrañas tú.

Lo acepto yo, lo aceptas tú,
te llamo yo, te escondes tú;
lo acepto yo, lo aceptas tú,
me alejo yo, me buscas tú.

Quisiera gritar, del fondo del mar,
y que donde estés, oír pudieras;
que no puedo más soportar
y de una vez a mis brazos vinieras.

No puedo vivir...

071387

Última Carta

Los eventos que no se pueden evitar,
morir, soñar, dormir;
lo nuestro dices que terminó ya,
no sé, creo que sí.

El tiempo curará mi mal de amor,
pero tiempo me falta a mí;
siento firmeza en tu decisión
por eso te dejo partir.

El pacto de "amar sin atar jamás",
respeto y es por ti;
lo mío no importa, si tienes otro plan,
por eso te dejo partir.

Te beso por última vez,
beso tus ojos, beso tu boca,
beso tu pelo, beso tu piel;
te beso por última vez,
beso tus manos, beso tu cuello,
beso tu cuerpo con todo mi ser;
te beso... por última vez.

071487

La Última Llamada

Nunca
has tomado en serio
advertencias;
y ahora
que se te va la vida,
pides clemencia.

Es tarde,
nada detendrá la noche,
hoy es eterna;
¡jamás
te importó tu semejante,
menos tu tierra!

¿Por qué ignoraste
la última llamada?;
¿por qué a la vida
le diste la espalda?;
sabías que cuando
el agua y aire contaminabas;
polución y pestes
creabas y alimentabas.

No hay tiempo,
nada muere dos veces,
qué pena;
mañana,
seremos polvo
de un frio planeta.

071487

Lobo Solitario

Solo, en tu madriguera,
tu vida siempre es igual;
esperas la primavera,
la esperas para cazar.

Noches de luna llena,
hembras vienen y van;
huyes de los problemas,
proteges tu libertad.

Lobo solitario, pasional mercenario,
lobo solitario, dicen que eres malo,
lobo solitario, hombre ubiquitario,
lobo solitario, nunca serás domado.

Esperas compañera,
viviendo en la oscuridad;
nunca sueltas la presa,
tienes astucia para burlar.

Solo en tu madriguera,
escuchas un lejano aullar;
una hembra llamando afuera,
señal de tiempo para cazar.

Lobo solitario...

071487

Calles De Sangre

Doce más diez,
cuando seis tipos
doblan la esquina,
no son de "aquí";
señal de alerta,
sus frías miradas
buscando a "alguien"
entre los de aquí;
"el" nuestro anuncia:
"me buscan a mí",
"vamos por ellos",
"¡vivir o morir!".

Tarde para "hablar"
la ley del más fuerte;
puños y navajas
y danza la muerte;
¡Vivir o morir!,
¡Vivir o morir!

Confusión de gritos,
salvaje pelea,
dos han "caído",
"¡no los dejen ir!";
doce y treinta y tres,
luz de sirenas,
recogen dos cuerpos,
siempre es así;
"uno" por bando,
¿qué se "ganó"?,
quizá mañana,
quizá caiga yo.

072387

Mañana Tal Vez

Lo que mamá
le dijo ayer;
se le olvidó
y se entregó a "el".

Le desnudó,
besó su piel;
fue por amor,
"primera vez".

Y teme porque
mamá tal vez,
lo sepa y no quiera
entender;
que amar
no lo otorga un "papel",
tal vez mañana,
tal vez;
la entienda
como lo hace "el",
tal vez mañana,
tal vez.

Para "castigar",
ya tarde es;
ojala y mamá,
lo pueda entender.

Y teme porque...

072687

Tarde Lluviosa

Clases no hubo hoy,
lluvia en la ciudad;
sin nada que hacer,
sugeriste estudiar.

Corrimos a mi casa,
no había nadie allá;
tus mojadas ropas,
quitaste al llegar.

Los libros en el piso,
y buscamos calentar
nuestros cuerpos fríos,
la cama, el lugar.

Te desnudo, te acaricio,
beso tus senos;
no hay mundo, no hay tiempo,
entro en tu cuerpo.

Cesa la lluvia,
ojos cerrados;
nosotros desnudos,
aún abrazados.

Semidormida,
toces quedito;
te ves tan bella,
tu pelo acaricio.

Te desnudo, te acaricio...

072787

Cuerda Floja

Los pequeños detalles
que inspiraban la relación;
pagados con solo desplantes,
asfixian la intención.

Lo que antes era excitante,
monotonía gris se volvió;
y ese trato tan distante,
ya congeló la pasión.

Siempre buscando culpables,
imposible aceptar el error;
promesas que se deshacen
como flores en un ciclón.

Ambos rehusamos ceder,
orgullo, pena, inmadurez;
si no lo vivimos, negamos creer
que el amor puede ser cruel.

Y sin red que nos salve,
cuerda floja, última función;
y aunque afuera el mundo arde,
de frialdad morimos tú y yo.

Ambos rehusamos ceder...

073187

Dormir, Pensar En Ti

Como luz de día
que tras la montaña
se ve levantar;
como blanca espuma
que ha formado
el inquieto mar;
como aquella estrella,
que parece brilla
más que las demás;
así te he soñado,
noche tras noche,
¡te juro... no quiero despertar!

Como a la rosa
que baña el alba
al llorar;
como ave sola
que vuela y vuela
en libertad;
todo toma forma porque
ya te siento cerca
y voy a esperar;
así te he soñado,
noche tras noche,
¡te juro... no quiero despertar!

Dormir, pensar en ti,
deseado arrullo eterno;
y del más bello sueño,
arrancarte y traerte aquí.

080187

Ginger

Ginger por favor
ten piedad de mí;
de un frágil corazón
que aún se aferra a ti.

Ginger si te vas,
ten mátame aquí;
por Dios ponle final,
no se vivir sin ti.

Y no me digas que: "te olvide", ¡eso jamás!,
pues a mi único amor, no voy a renunciar;
y no me pidas que te deje ya marchar,
¡Ginger tienes que darme otra oportunidad!

¿Ginger que sucedió?,
te juro que no lo sé;
¿fallaste tú o yo?
¡déjamelo saber!

Ginger no hay más,
antes después de ti;
ven vamos a intentar,
si no... te puedes ir.

Y no me pidas que...

080287

Mi Enfermedad

¿Por qué será?,
que cuando "ella" salió de mi vida;
me parece verle,
me parece su voz escuchar.

¿Por qué será?
que cuando "alguien" toca mi puerta;
me siento temblar,
creo que al abrir la voy a encontrar.

Al voltear la esquina,
cuando oigo pasos afuera, tensión;
cada que suena el teléfono,
primero ansia, luego decepción.

¿Por qué será?
que cuando más tranquilo estoy;
"algo" me viene a perturbar,
mi miedo es enfermedad.

¿Por qué será?,
"¿dónde y qué estarás haciendo?";
no dejo de pensar,
tus recuerdos me van a matar.

Al voltear la esquina...

080287

Erótica Estampa

Tus brazos alrededor de mi cuello,
mis manos
donde termina tu espalda;
arriba la luna azul nos vigila,
abajo
nuestros ombligos "platican".

Tus manos dentro de mi chamarra,
las mías
en tu pecho "ocupadas";
la calle sola de esquina a esquina,
testigo
de mil caricias prohibidas.

Un seno en mi mano,
tus uñas en mi espalda;
besos prolongados,
erótica estampa.

Cuando aquella pasión se apaga,
nos envuelve
una hermosa calma;
abrazados te llevo a tu casa,
no hay maldad,
solo juventud del alma.

081187

Eso Y Más

La ventaja de ser joven,
es que hay tiempo para ver;
para andar de un lado a otro,
aprender y "echar a perder".

Puedo andar de arriba a abajo,
puedo tres novias tener;
puedo "botar" el trabajo,
puedo irme y volver.

Un poco loco, soy inquieto,
tengo hambre de vivir;
juventud en su momento,
impetuoso es mi sentir.

La ventaja de ser joven,
es que puedo tropezar;
levantarme en el "conteo"
y con más ganas atacar.

Vestir como yo quiera,
jugar, amar, experimentar;
yo soy quien gira al mundo,
desconozco el miedo a fracasar.

Un poco loco, soy inquieto...

080287

Confesión

"Ella" no lo sabe,
no se lo imagina;
no sabe la lucha
que llevo escondida.

Que la noche eterna,
me llena de angustia;
que mis gritos mudos,
nadie los escucha.

Lejos se ha marchado,
buscando nueva vida;
dejando asfixiado
mi corazón entre espinas.

Y tengo por las noches,
horribles pesadillas;
lo mío no son reproches,
son plegarias jamás oídas.

"Ella" no lo sabe,
cree que fuerte soy;
si me viera ahora,
sabría... que no lo soy.

Lejos se ha marchado...

091687

Esta Noche Te Hablo Así

No tiene caso,
seguir engañándome así;
un ave con alas rotas,
no puede ni quiere vivir;
más le valdría morir,
¿qué más te puedo decir?

Hoy no me interesa,
si piensas, si lloras por mí;
pues todas las noches
te llamo y no quieres oír;
mintiendo voy a seguir,
con "otra" te tendré aquí.

Pues no me interesa
que diga la gente de mí;
ellos no saben la "historia"
del comienzo hasta el fin;
si bebo, si lloro, te advierto...
¡no lo hago por ti!

Y si muero mañana,
invitación no habrá para ti;
a un pez fuera del agua
la asfixia le pone fin;
y el tren que me lleva a mí,
tal vez mañana... pase por ti.

Pues no me interesa...

092687

No Sé Llorar

Quiero llorar,
sacar de mi alma,
las indelebles memorias,
que aún
guardo de ti.

No sé llorar,
pues no me enseñaron;
y ahora que quiero,
no puedo
hacerlo por ti.

Quiero sacar,
las gotas amargas
que me ahogan
por dentro;
pues soy infeliz.

No sé llorar
y nadie me puede enseñar;
no sé llorar
y a nadie puedo culpar.

Quiero expresar
este dolor que asfixia;
que circula
como veneno,
y no me deja vivir.

No sé llorar...

092987

Acapulco Beach

A "Playa Quieta",
fuimos a parar;
pues el "carruaje*"
ya no quiso "jalar"*.

"Jimmy", "Verde",
"Coroy" y yo atrás;
vacacionando
entre arena y mar.

El mismo día,
hubo "güeras" pa'l "personal";
la misma noche,
nos robaron hasta el "morral";
rubias y arenas
de Acapulco beach,
cuatro "chilangos"*
hablan muy bien de ti;
desfile de bikinis
en Acapulco beach,
como olvidarlo,
casi "chafeamos"* ahí.

Ya sin dinero,
tras los cangrejos de mar;
y con tequila,
tú nos viste celebrar.

Bajo tus palmas
dormimos por descuidar
la "limousine",
que fue a parar al "corral"*.

En tus arenas,
cantamos hasta clarear;
y de "aventones"*,
volvimos a la ciudad.   090387

Mujer Mexicana

La cadencia en tus pasos, un bello vals,
son tus manos rimas, tibia caricia;
lluvia tu piel tersa, selva tropical,
la noche de tus cabellos de estrellas titilan.

Rosas en tus labios, promesa sensual,
la paz de tu mirada, esperanza auspicia;
trigueña belleza, no hay otra igual,
joya voluptuosa que el mar codicia.

Y me importa poco
dar la vida misma
por verme en tus ojos;
por una sonrisa.

Y arrojo a tus pies,
sinceras palabras,
ninfa misteriosa;
Mujer Mexicana.

Armoniosas formas, hipnotizante andar,
nácar tu sonrisa, inocencia que inspira;
y se postra el aire por donde tú vas,
princesa Azteca, modesta y divina.

Y me importa poco...

093087

Cuando Menos Te Esperaba

Me dio su nombre,
yo olvide el mío;
nos acababan de presentar.

No era posible
tanta simpatía y clase
en un vestido de tafetán.

"Ella" era sin duda,
lo supe en ese momento;
le sonreí, "ella" hizo igual.

Su mirada atravesó
como flecha el corazón
y le dije sin pensar:

"Oye perdona si atrevido
te parezco al hablar";
"no te preocupes", dijo:
"habla, yo quiero escuchar".

"Es que al verte
el corazón me indicó,
que eres tú sin dudar"

"Eres tú y serás,
tu magnetismo, atrajo
mi alma como un imán".

"Solo espero,
que tu corazón tenga
vacío ese lugar «especial»".

093087

Yo Soy Tu Ángel

Cuando al mundo viniste
hace más de veintiún años;
¿recuerdas rezando ayuda pediste?,
pues caminabas sendas de pecado.

Caí de entre el inmenso cielo,
sin piel, sin huesos, sin cuerpo;
vine porque oí tus ruegos;
si fallamos, nos espera el infierno.

Caí porque quise salvarte
y mis alas corté porque te amo;
¡vamos, ayúdame, levántate!,
¡deja de perderte en lo mundano!

¡No, no permitas que suceda,
cambia camino,
que el cielo nos espera!;
¡no, no permitas que me muera,
entrega tu alma
y se nos abrirán las puertas!

¡No, no permitas la derrota,
por favor
levanta tus ojos al cielo!;
¡no, no coseches malas obras,
anda cambia,
o nos arrojarán al fuego!

100887

Por Si Acaso

No permitas que nadie nunca
te hable
a solas de amor;
dile claro que no te importa,
que "otro"
tiene tu corazón.

Bríndame un pensamiento,
siente mis besos
cuando no hay sol;
y deja entreabierta tu puerta
que yo en la noche
te traeré calor.

Pero no se lo cuentes a nadie,
ese es secreto;
secreto de amantes,
desinhíbete al entregarte;
desnudos cuerpos,
deja que hablen.

No dejes que nadie nunca
se interponga
entre tú y yo;
y deja entreabierta tu puerta,
que esta noche
te haré el amor.

Pero no se lo cuentes a nadie...

100887

Olvidar

Ha vuelto a pasar,
hemos vuelto a pelear;
el bar acaba de cerrar,
la luna me ve caminar.

Tonto afán de lastimar,
de herir sin necesidad;
el frio me hace temblar,
esta noche te voy a olvidar.

Esta noche no te perdonaré,
esta noche no regresaré,
esta noche no te extrañaré,
esta noche no te llamaré;
porque no intento,
hoy volver a reñir;
porque no quiero,
hoy volver junto a ti.

Hoy ha vuelto a pasar,
discutir, gritar, lastimar;
la culpa nos cuesta aceptar,
un juego que nadie ganará.

Quizá mañana quizá,
acepte este loco afán;
de pelear por pelear.
pero esta noche... te voy a olvidar.

Esta noche no te perdonaré...

101087

No Finjas Inocencia

No finjas inocencia,
sé que hay otro hombre
en tu vida;
es más, sé que han peleado,
por eso vienes a mí
"arrepentida".

No finjas inocencia,
sé que a alguien mas
le das "calor";
y la tibia humedad de tu boca,
sé mucho más de ti,
y de tu traición.

No me ha sido difícil,
armar el rompecabezas;
tu olor a perfume masculino,
indiscreciones, errores, sospechas;
distraída me cambias el nombre,
llaman, contesto y nadie responde;
jaque a la reina con dos peones.

No finjas inocencia,
sé que vienes a mi lado
cuando te ha plantado "el";
pues sabes que siempre te espero
y te perdono todo,
pues soy un tonto... ya lo ves.

No me ha sido difícil...

101587

Para "Ella"

No es que me falte valor
para tomarte en la intimidad;
sucede que de sueños vivo yo
y uno de ellos te voy a contar.

No quiero unir tu piel con la mía
con miedo, sin seguridad, con prisa;
no quiero perderte con la luz del día,
te quiero sin tiempo a mi lado dormida.

Y créeme que no me importa
esperar un día o un siglo más;
quiero un entrega plena,
no contra el reloj;
y mi sueño te invito
a hacer realidad.

No podrá cegarme la pasión
para manchar tus blancas alas;
el deseo es piel y no es amor,
no quememos sueños en flagrantes llamas.

No es que no te necesite ahora,
también te deseo con premura;
pero aún no suena la mágica hora
de hacerte mía con eterna ternura.

101687

Curvas

La palabra de hoy es: "curvas",
para admirar, para manejar;
parábolas femeninas,
adelante, igual atrás.

La palabra de hoy es: "globos",
para jugar con fragilidad;
hipérbolas femeninas,
excitante ese par.

La palabra de hoy es: "peras",
para morder, para saborear;
la fruta más femenina,
agua a la boca solo pensar.

Curvas tienen los globos,
curvas tienen las peras,
curvas tiene mi "lira",
esa morena y la carretera.

Curvas de "ciento-ochenta",
curvas son las esferas,
curvas tienen las ruedas,
rubias y la carretera.

102287

A Grandes Pasos

No quiero que pienses que soy ansioso,
si busco y si hablo de amor temprano;
es que no quiero perderte a "otro",
por eso me acerco a ti, a grandes pasos.

A grandes pasos... te estoy amando.

Tú temes que esto acabe como llegó,
piensas que es pronto para amarnos;
puede ser cierto, pero dudar es error,
por eso me acerco a ti, a grandes pasos.

A grandes pasos... te estoy amando.

Todo lo que se piensa mucho
o se espera demasiado,
termina por escapársenos
de las manos;
para más tarde llenarnos
de arrepentimiento,
por eso te invito a no dejar
pasar el momento.

Las dudas arruinan toda decisión,
por eso te invito a tomar mi mano;
al futuro, a nosotros, al dulce amor,
por eso me acerco a ti... a grandes pasos.

A grandes pasos... te estoy amando.

102487

Otoño

El otoño citadino
trajo a mí un nuevo romance;
otro giro en mi destino,
otra estrella a mi alcance.

"Ella" es un sueño vivo,
por ahora, mía en las tardes;
cinco letras he escrito
de hojas secas en el parque.

El otoño citadino
trajo a mí un nuevo romance;
apenas ayer era su amigo,
hoy su corazón me comparte.

Sé que esta es mi oportunidad,
para amar, para vivir,
para soñar;
este otoño, no dejaré escapar,
al amor, al futuro,
a compañía una eternidad.

"Ella" es un sueño vivo,
por ahora, mía en las tardes;
cinco letras he escrito,
indelebles en los mares.

102587

No Puede Ser Cierto

Regresé a casa,
muriendo por dentro;
arrastrando los pies,
asfixiante recuerdo.

¿Cómo sucedió?,
dime que no es cierto;
que ya no me amas
di que hablaste en juego.

Y yo que pensaba
que lo que ahora siento;
nadie lo sentía,
cosas de los cuentos.

Pero me está pasando,
pero lo estoy viviendo;
aún resisto creerlo;
como puñal de fuego
que atraviesa el corazón;
me mata tu confesión.

¿Qué haré sin ti?;
en un bloque de hielo
entrar en él, no salir jamás,
quizá eso duela menos.

Mil preguntas,
y respuestas: cero;
y lloré frente a mi puerta,
como nunca lo había hecho.

102887

As De Tunas

Que tiemblen las "señoritas",
"gandallitas"* y "borrachos",
llegó el amante de las "curvas",
un "chilango"* bien "bragao"*;
un bombín con una pluma,
unos jeans agujerados,
su emblema es una "tuna"*
en sus "converse" Mexicanos;
Santa Fé meció su cuna,
de allí que sea "aventado"*,
no le toquen una "salsa",
porque avienta de "plomazos";
>"Al caponé" es su padrino
y el "Rambo" primo hermano,
todas quieren ser su novias,
y los "vatos" sus cuñados.

"As de Tunas"... ¡estás loco!
"As de Tunas"... ¡bueno, un poco!,
"As de Tunas"... ¡desde niño!,
"As de Tunas"... ¡todo un pillo!

Cuando juega a la baraja,
saca "ases" de su trago,
si le alegan se las "raja",
los asfixia en su sobaco;
con sus gafas rayos-x
a las "tímidas" desnuda,
y las "buenas" aseguran:
"¡Is my hero el «As de Tunas»!",
solo fuma "faros lights",
su yogurt solo de tuna,
trae a "Mickey" en sus playeras,
ese es el... "¡As de Tunas!".

103087

Cazador

Mil hazañas en tus ojos,
te evitan el hablar;
corazón de invierno,
de amar es incapaz;
vas entre lagos de dolor,
dispuestos a tragar,
tus huesos de esperanza,
viaje eterno ancestral.

Espinas marcan tus brazos,
más jamás te detendrán;
tus ojos de hielo arponeando
alguna estrella fugaz;
presa que cae en tus manos
no es la última, es otra más;
su inocencia has devorado;
secretamente deseas el final.

Cazador de engañosas ilusiones,
cazador de noches negras sin luna,
cazador de prohibidos derroches,
cazador de deseo, pasión y lujuria.

Buscas entre los despojos,
algo que puedas usar;
para ese hueco llenar
del corazón que te robó el mar;
mil años idos y mil más pasarán,
sin que puedas saber que es... amar.

Cazador, cazador de frías noches...

110187

Galanes De Comics A Mi... ¡Bah!

Cuatro "zopilotes"*
al asecho de mi "chava"*;
dos en el colegio,
otros dos allá en su cuadra.

Tres son puro "pico"*
y el otro "manos planas"*;
déjamelos nena,
¡solo eso me faltaba!

Al "primero", le bastó,
una quemante mirada;
al "segundo", di mi mano,
pero el metió la cara.

El "tercero", se hizo humo,
se volvió "Ojo de Pancha"*;
y al "ninja", que lo "surto"*,
con tres o cuatro "okiwasas"*.

Cuatro "guajolotes"*
"desplumados"* han quedado;
no te acerques a mi nena,
sobre aviso no hay engaño.

111187

Enamorados

Tú acostada boca arriba,
yo a un lado tuyo;
mi dedo en tus labios
dibujando su silueta;
ambos callados.

Sin abrir tus ojos,
juegas con mi pelo;
después nos besamos
se saludan nuestras lenguas;
ambos callados.

Ahora beso tu mejilla,
después tu frente,
nuestros rostros acariciamos,
tu mano mi barba explora;
ambos callados.

Tu semblante es de paz,
mis labios ahora
besan tus ojos cerrados,
tu pelo muevo tras tu oreja;
ambos callados.

Otro beso más largo
te hace suspirar,
confirma que nos amamos,
tu dedo juega mis cejas;
ambos callados.

111587

Lamento De Un Hombre

Hoy la noche es tan fría,
tanto como mis huesos;
y mi sombra un tanto difusa
cual oasis del desierto.

Mi silencio es mudo eco
que en sus alas lleva sueños;
olvidados y deshechos
por caprichos de mi cuerpo.

Tengo miedo de estar solo,
y sin embargo, amo mi soledad;
creo que debo estar solo,
necesito mis heridas pasadas sanar.

De mis manos brotan ruegos
que difícilmente alguien oirá;
bajo tierra y en silencio,
flores o nubes formarán.

El sentimiento calla en duelo,
se consume la vida de mis ojos;
me ha quedado casi ciego,
y me ahogo en un mar color rojo.

Tengo miedo a estar solo...

111687

La Rosa

Rosa hubo nacido,
entre valles, entre amor;
se decía que de un ángel era hija
y no de un labrador.

Pinase era su hermana,
también bella, la menor;
pero Rosa le odiaba y malquería
por su blanco corazón.

Tan grande era su envidia
que a una maga le pidió;
le hiciese a Pinase hechicería
y su alma le vendió.

Pinase fue hecha espina,
transformada así lloró;
pues no creía, ni aceptaría
a Rosa cruel como el dragón.

La ira de ese ángel
en Rosa se desató;
castigando a esta con clemencia
en una flor la convirtió.

Pinase lloró y pidió al ángel
le acercara a la flor;
y abrazando a Rosa tiernamente
a su tallo se unió.

Rosa dio su nombre
a la flor que se volvió;
y Pinase a la espina,
que desde siempre le protegió.

111787

Hombre De Lava

De las incandescentes entrañas,
donde el metal es líquido hirviente;
que en ríos de magma busca nombre,
un hombre, mitad carne, mitad fuego...
¡se escapó!

Sus huesos revientan al frio viento,
le azota sin piedad su desnudez;
quien le ha visto le ha rehuido,
en aquella selva de rocas simétricas..."el".

Ha llorado dos diamantes
de las piras de sus ojos;
no le aceptan y lo sabe,
tras un destino... hombre de lava.

Ha dejado ardientes mares
por ver el sol, la luna, el cielo;
su cuerpo comienza a enfriarse,
tras un destino... hombre de lava.

El estruendo del rayo acompaña
las gotas de lluvia que al tocarle;
semi-hincado como estaba
roca le volvió al mirarle... cara a cara.

111887

En Una Caja

En una caja negra y fría
con cristales polarizados;
"ella" está encerrada,
nada ve, nada escucha a su lado.

En una caja sin entrada o salida,
ajena a la contaminación;
"ella" esta privada
de envidia, pecado y rencor.

Y le tendré prisionera
por otros doscientos años;
oculta del sentimiento
que tanto daño le ha causado.

Y le tendré prisionera,
hasta que le hayan sanado;
las dolorosas heridas
de las púas del desengaño.

A medio mar, inmensa celda,
con sus alas cortadas, mi alma;
rodeada y atormentada
por silenciosos fantasmas.

Y le tendré prisionera...

112087

Desilusión "Pachanguera"

La última vez que usé este traje
fue en mi "primera comunión";
"no crecerás" dijo mi madre,
me asfixia el saco, ¡qué situación!,
parece "bermuda" mi pantalón.

Más que de esmoquin voy de torero
a una fiesta en casa de mi "chica";
"no olvides «nene», allá te espero,
le traes un regalo a mi abuelita
y que no sea cualquier «baratija»".

Me lleva "Juana" que en el "pesero"*,
una señora "planchó" el regalo;
mi pantalón "tronó" de a feo,
de helado un niño manchó mi saco.

Llegué a tu casa bien magullado,
pero dispuesto a bailar buen rock;
pero oh sorpresa, todos sentados
escuchando a Mozart en el salón;
después tu abuela pide un "danzón".

Y cuando quise aventarme un "trago"
con "chocolate" me "acribillaron";
tus padres bien atentos a mis manos,
¿cuidarán a su hija o sus caros platos?;
mi trasero al aire la abuela ha notado,
muerta de risa, "¿qué me pasó?" ha preguntado.

Me lleva "Juana" que en el "pesero"*...

112187

Imperfecto

El balance más hermoso,
está en la diferencia,
cuando esta es apreciada;
la sinceridad es tesoro
que abre todas las puertas
y destroza la desconfianza.

Equivocarse duele un poco,
más consuela la experiencia,
el valor es fina espada,
nos forja en lo que somos;
seguro habrá más tormentas,
sensato es abrazar esperanzas.

Nuestra imperfección humana,
es un balance
universal perfecto,
quien teme, no puede aceptarla
y ciego caminará
este mundo tan bello.

Aceptar el futuro escabroso,
es vencer esa insuficiencia
con paciencia, amor y calma,
al final somos nosotros,
quienes con inteligencia,
decidimos que poner en la balanza.

112487

Niégales Luz

Robando estrellas,
constelaciones,
fundiendo los siglos
con fuego azul;
pasado, presente, futuro,
sin restricciones;
así vas tú, así vas tú.

Sujeto ubicuo
sin forma alguna,
entre sueños prohibidos
haces tu debut;
y cuando triste
te vuelves lluvia;
así eres tú, así seres tú.

Molécula de viento, de mar y de sol,
viviste mil desastres
que la historia ocultó;
vigía del tiempo, del bien, del mal,
rima falaz
que la luna calló.

Cercana la hora final
la aniquilación total,
un último viaje,
no quieres ver más dolor;
radiactiva engañosa quietud,
átomos en danza mortal;
niégales luz... niégales luz.

112987

Silencio

Silencio mortal que viene
de afuera hacia adentro;
que inunda al recuerdo y lo hace
de hielo, de roca, de acero.

Silencio que estalla cual bomba,
explosión muda de tiempo;
que abraza mi casa y mis flores,
cual pira que se iza al cielo.

Silencio que escucha el ruego
del que se postra ante el altar;
confiando que aqueste anciano
sediento de plegarias, le oirá.

¡Silencio, para que el que yace tendido!,
¡silencio, ¿qué no ven que estoy "dormido"?!,
¡silencio, silencio por favor!
¡silencio!, un grito mudo que nadie escuchó.

Silencio que empapa los muros,
inertes, fríos y atentos al duelo;
se apaga la luz sellando los ojos,
se abre la puerta del eterno sueño.

¡Silencio, para el que yace tendido!...

113087

Tú Lo Mereces

Con la belleza
de esa lágrima que resbaló
ardiendo por tu mejilla;
es la señal
que abre el cielo,
invocación de necesidad.

Un rayo de luz
viajará sin descanso,
ha sido enviado para ti;
es caricia pura
con destellos dorados,
que esta noche te visitará.

Ha caído del cielo,
tibia y mágica cascada;
que besará tus ojos,
infinito amor, infinita calma.

Promesas de fe
envolviendo tu alma,
respuesta a tantas plegarias;
te abrazará,
cuanto lo has deseado
y esta noche... se cumplirá.

Ha caído del cielo...

113087

Amigos De La Noche

Luna Nueva, pasadas las doce,
nuevo año, calle sola, medianoche;
el frio intenso de este invierno,
acariciaba y congelaba mi aliento;
fiesta y música en la lejanía,
detengo mis pasos, volteo arriba;
desde una ventana alguien vigila
se apaga la luz, llego a la esquina;
saco mi botella, un trago bebo,
se me acerca un sucio perro;
"hola amigo", "¿qué andas haciendo?",
"¿quieres un trago o eres abstemio?",
"¿qué tal de cena de año nuevo?"
"¿no hubo pavo, no hubo huesos?";
no sé porque lo abracé por el cuello,
quizá sentí que nadie lo había hecho;
agradecido me lame el "canino",
"tranquilo amigo, ya somos amigos";
¿tienes dueño o eres "gitano"?
hueles mal, no te han bañado;
intensas luces nos deslumbran,
mala suerte, llegó una patrulla;
¡"calma amigo, espera, tú no huyas"!,
pronto dos policías me insultan
uno me apunta, el otro me esculca;
"busca de alguien que te cuide";
"adiós amigo, no me olvides",
"y no me envidies, tu eres libre",
pensé: "nacer pobre... nadie elige".

120187

Tarde De Lluvia

Mis manos y la lluvia
acariciando tu cuerpo;
besos cálidos mojados,
de naturaleza rodeados.

Mi lengua y la lluvia
cosquilleando tu oído;
ojos de éxtasis cerrados,
desnudos y mojados.

Mis labios juegan
las gotas en tu cuello;
mis dedos imitan las gotas
el recorrido bajo tu ropa.

Aunque arboles alrededor
nosotros elegimos: ninguno;
solo cielo y lluvia, momentos atrapados,
yo te prometo, nunca serán borrados.

Abres tus ojos un poco,
me miras, mirada que grita:
"te amo", aquí y ahora,
obvio, las palabras sobran.

Sonríes, cierras tus ojos
señal de promesa futura;
me ofreces tu boca,
beso de amor sellan las gotas.

120587

¿Porque Será?

¿Por qué no dejamos de amarnos
como quiere la gente?;
¿y por qué cuando hay problemas,
nos acercamos aún más?;
¿por qué será?

¿Por qué será que tu y yo
ignoramos las insignificancias?;
¿y por qué cuando hemos peleado,
hacemos las paces con un tierno abrazo?;
¿por qué será?

Tenemos nuestra propia forma de amarnos,
sabemos que es importante y que valoramos;
aceptamos que no existe el amor perfecto,
y cuando hay tormenta juntos la aguantamos.

¿Por qué no usamos el error del otro
como excusa para castigar?;
¿y por qué no hacemos nuestra relación
tema de crítica para otros?;
¿por qué será?

¿Por qué aunque pensamos diferente
coincidimos en mutuas decisiones?;
¿y por qué ciegamente confiamos
y somos libres de tontos celos?;
¿por qué será?

Tenemos nuestra...

121187

En La Cuerda Floja

¿Qué te hace pensar
que me tienes a tus pies?;
no niego que te quiero,
pero esa actitud tuya
me lleva a creer.

Que estoy dando mucho más,
que tu a mí y debo detener;
las atenciones, sacrificios
y detalles amorosos;
ya no te adularé.

No lo quiero hacer
pero no hay alternativa;
te daré el amor
que tú me des a mí;
yo sé que todo esto
nos pone contra la pared;
pero me duele saber
que pienses así.

¿Cómo sucedió?,
¿cómo explicar?, ¿cómo entender?;
que sobre la cuerda floja
tú y yo caminaremos,
sin querer.

No lo quiero hacer...

121587

Locura De Amar

Apenas cierro mis ojos
y por el sueño
me dejo abrazar;
me lleno de imágenes tuyas,
por cierto,
de intimidad.

Apenas cierro mis ojos,
me tocas, me besas,
y luego te vas;
me atrapan tus pesadillas,
primero te amo,
luego sufro, como jamás.

Y despierto gritando:
¡no vuelvas, déjame en paz!;
al rato de cansancio,
cierro los ojos y vuelve a pasar.

Apenas cierro mis ojos,
escucho palabras
en la oscuridad;
tan tuyas, pero tan mías,
es cierta locura,
de amar al soñar.

Y despierto gritando:

122287

Ella Se Fue

Ella se fue
un día que se volvió noche;
sin mirar atrás
por el duro asfalto;
al perderse lejos,
rompió el encanto,
que la hacía niña al más tierno roce.

Ella se fue
llevándose no solo mi amor;
pues también
sin amor se vive;
y yo, ya no vivo,
voy en declive,
y el mal avanza sin compasión.

Ella se fue un día de Abril,
iba llorando, iba agachada,
iba muriendo, iba apenada,
la vi perderse desde una banca;
ella se fue,
sin salir de aquí.

Ella se fue
confundida por los intensos momentos;
que vivió a mi lado,
pasado y presente;
fue flor, niña, mujer
y dama ardiente,
que me hizo hombre a un gran precio.

Ella se fue un día de Abril...

122387

Lo Que Quiero De Ti

Déjame amarte, acariciarte,
despertarte
en las mañanas con un beso;
bañar tu suave cuerpo
y mirarte
vestirte frente al espejo.

Déjame saber tus secretos,
sorprenderte
en tus íntimos momentos;
descubrir tus recónditos deseos,
y observar
tus femeninos movimientos.

Todo eso sin forzar tu voluntad,
sin presionar u ordenar, sin atar;
un placer para mí, a ti te encantará,
así espero amarte hasta el final.

Déjame admirar tu fragilidad,
desvestirte
cada noche sin prisa;
hacerte mía en un inesperado lugar,
beberme
el sabor de tu sonrisa.

Todo eso sin forzar tu voluntad...

122587

Placer Dormido

Ya entrado el día,
bajo las sabanas,
como un fantasma, veo tu cuerpo;
sin hacer ruido
acerco una silla,
te observo en silencio.

Mi mirada te acaricia,
oigo tu respiración,
la sabana pegada a tu cuerpo;
transparente silueta,
ternura me inspiras,
pacientemente espero el momento.

Sé que cuando despiertes,
abrirás tu bellos ojos, me verás
extenderás tu mano invitándome
a unirme a ti y me regalarás
una primera sonrisa, escasos
momentos después, dormirás;
el silencio regresará y tendré nuevamente
el dichoso placer de verte soñar.

A la ventana diste
la espalda, la luz
proyecta mi sombra, sonrío,
levanto mi mano,
su sombra imita
y acariciar tu cuerpo le permito.

Mano y sombra
en complicidad,
recorren tu cuerpo suavemente,
extrañamente
parece que sientes,
y comienzas a despertar... lentamente.
011088

A África Fui

Con una "resortera",
un guía y mi caravana;
me adentré en las selvas
de África a buscarla.

A buscar la muerte,
la peor, la más violenta;
pues no dejo de quererte
y tú me humillas nena.

A la anaconda la hice una mochila ,
ya luché sin armas con un león chimuelo;
nadé en un rio de pirañas vegetarianas,
las hienas con un chiste de risa murieron;
nada ocurre en esta expedición,
por ti nena en África estoy.

Por fin una noche,
cien caníbales nos capturan;
se comen a mis "cuates"*,
pero a mí no me "despluman"*.

Pues según no les gustaban
los platillos "extranjeros";
luego de doscientos "aventones"*,
a mi América regresé: ¡"entero"!

123187

Pregúntale Al Viento

¿Sabes acaso?,
que muero con el sol
todos los días;
y que el cristal de mis ojos,
busca oscuras alegrías
entre miradas olvidadas y perdidas;
en la jungla de espejismos
de concreto;
si no me crees,
pregúntale al viento.

¿Sabes acaso,
como duele despertar
cuando se quiere?;
permanecer así atrapado
en un profundo y loco sueño,
arrancarte es un tonto intento;
te quiero más y duele más
el silencio;
si no me crees,
pregúntale al viento.

Pregúntale como vivo,
como extraño, como muero;
pregúntale como sufro,
como callo mi sufrimiento;
pregúntale al viento,
y sabrás que no te miento.

0III88

No Sueltes

Porque a ti no te dejan salir,
porque a mí me impiden el verte;
porque nuestras "llamadas"
son "esperadas" y mal contestadas.

Porque a los dos no nos dejan vivir,
porque quizá "ellos" son más fuertes;
porque cuando queremos vernos,
"ellos" encuentran formas de detenernos.

Por eso mi mano no sueltes,
debemos ser más fuertes;
debemos unirnos más,
solo así ganaremos al final.

Por eso mi mano no sueltes,
tenemos que ser pacientes;
debemos aguantar un poco más,
fallarán tratándonos de separar.

Porque a ti te hablan mal de mí,
porque nos critican duramente;
y aunque hagan lo imposible,
¡no son ellos quienes deciden!

Por eso mi mano no sueltes...

111688

Eterna Promesa

Observo tus ojos
escudriñando el cielo;
ambos recostados,
agarrados de las manos,
del espectáculo maravillados,
firmamento aterciopelado,
un mar de estrellas,
creo que las cuentas.

Una estrella fugaz,
pedimos un deseo;
después nos besamos
sin soltarnos las manos;
ambos andamos buscando
"aquella" que nadie ha encontrado.

Una estrella que haremos nuestra,
desde hoy hasta el fin de las noches;
acordamos fundir en eterna promesa,
esa estrella, un amor, dos corazones.

Brillan tus ojos
y ansiosa apuntas tu dedo,
la has encontrado
y aprietas mi mano;
con un largo beso lo celebramos,
después la nombramos;
sin duda la más bella,
y no hablo de la estrella.

Una estrella...

013088

La Leyenda Que Canta El Cenzontle

Cuenta la historia
de un campesino viajando en su carreta;
la cual golpeó una roca y dos semillas
cayeron, una a cada lado de la vereda.

La tierra y la lluvia,
hicieron su parte y dos arbustos crecieron,
solos en el valle, con un camino en medio;
"el" un Ahuehuete robusto y masculino,
"ella" una Jacaranda hermosa y colorida.

Por cosas del destino
los dos no sabían de la existencia del otro;
pues crecieron mirando al polo opuesto,
pasaron los años, ambos "solos" se sentían.

Un día un Cenzontle
se paró en la Jacaranda a tomar descanso;
y como todas las aves platicó con el árbol,
la Jacaranda le platicó de su gran soledad.

Cuál fue su sorpresa
cuando el ave le contó que a sus espaldas;
un caballero, el Ahuehuete, le hacía compañía
al otro lado del camino, y lo fue a saludar.

"El" se alegró mucho
cuando el ave le hizo saber de su vecina;
y desde aquel día, el cenzontle vivió allí,
cantando mensajes entre sus nuevos amigos.

Como era de esperarse,
nació un gran respeto y cariño entre ellos;
aunque no se podían ver, eran felices,
por las noches, los tres, compartían la bella luna.

Un día el Cenzontle
les dio la noticia que pronto tendría familia;
ambos acordaron que sería la Jacaranda
donde el Cenzontle haría su nido y así fue.

En esos días dos hombres
vistiendo cascos, traían planos y se sentaron a la sombra
del Ahuehuete, sin saber "porqué" presintió "amenaza",
"ellos" hablaban de convertir la vereda en carretera.

Una mañana los tres fueron despertados
cuando ruidosas gigantescas maquinas aparecieron;
el Cenzontle se dio cuenta, que el final estaba cerca,
para hacer la carretera, esos dos árboles "estorbaban".

Esa noche el Cenzontle lloró,
porque no sabía cómo decirles lo que pasaría;
el Ahuehuete lo presentía y lloró y rogó en silencio,
a la luna por un gran favor, un último deseo.

Ya que el final era inevitable,
pidió que por una sola vez pudiera verla a ella;
el Cenzontle se había ido a buscar lugar para sus crías,
el sol se negó a salir, el días más gris jamás recordado.

El jefe de "ellos" dio la orden
y las "bestias" se acercaron al indefenso Ahuehuete;
cerrando los ojos pidió rezando por su último deseo,
sus raíces y su tronco sintió, algo extraño les sucedió.

A punto de ser cortado,
con toda su fuerza y todo su amor, su tronco torció;
sabía que moriría, no le importaba y lo logró,
la pudo ver, su Jacaranda, "te amo", en silencio le gritó.

Un segundo después cayó,
todos presentes miraban atónitos lo que pasó;
ese árbol por la base del tronco "solo" se rompió,
decían que quizá un rayo fue la posible razón.

La Jacaranda se alarmó,
sin saber cómo, oyó lo que el Ahuehuete le gritó;
y a ella también le fue concedido su secreto deseo,
rompiendo su tronco al girar a su amado pudo mirar.

Una enorme tenaza,
los recogió ya sin vida y en un camión los colocó;
fueron llevados a donde más tarde serian cortados
allí los dos juntos por fin estaban lado a lado.

Sus cortezas y sus ramas,
aunque sin vida parecían acariciarse gracias al viento;
y las estrellas enternecidas les cantaban dulces rimas,
y la lluvia por ellos lloraba como nunca se recordaba.

Cierta mañana un hombre llegó,
su apariencia extraña pero con un gran corazón;
estaba allí buscando madera, pues era escultor,
al mismo tiempo el Cenzontle, sus amigos encontró.

Tanta fue su alegría
que como nunca cantó, al escultor llamó la atención;
por largos segundos escudriñó donde el ave se posó,
la Jacaranda y el Ahuehuete allí dormidos, abrazados.

De lo que vieron sus ojos
el pasado se le reveló y con gran emoción los compró;
removió las pequeñas ramas y maravillado quedo al ver
las ramas de ambos estaban entrelazadas en eterno abrazo.

Saco sus herramientas,
los puso de pie y comenzó a cincelar con maestría;
el Cenzontle y sus crías desde una ventana observaban,
lo que aquel hombre inspirado anhelaba describir.

Arriba en el cielo
todos atentos al viejo que trabajaba sin descanso;
y todas las noches un sueño le inspiraba inmensa ternura,
cuando terminó su obra, la observó y cayó de rodillas.

Lloró y con el lloraron,
la lluvia, la luna, las estrellas; y el Cenzontle cantó;
por fin el Ahuehuete y la Jacaranda tomaron forma,
un hombre y una mujer en inmortal abrazo,
y un último y primer beso.

020188

Sin Esperanza

Un mirar esotérico
vigila mi espalda;
y una sarta de mentiras,
mis palabras.

No puedo lidiar con "ella",
pues "ella" dicta y manda;
promete hermosos sueños,
tantos que a veces falla.

Siempre un nuevo ardid
me prepara el alma;
para luego sin piedad,
estrellarlo en mi cara;
alimentando mí resentir
al amor y a la verdad.

Más, ¿cómo desobedecer,
mi propio desiderátum?;
refutar y no creer
en mi condición de humano.

Imposible querer engañar
a la esencia de la virtud;
que a todos sin excepción
abraza en su esclavitud.

Siempre un nuevo ardid...

020988

Descarga Eléctrica

Vagando por la calle de Londres,
las ocho de un día Viernes,
perdido entre luz de neón;
noche fría; un presentimiento;
y tu caminando entre la gente.

Venías tan distraída como yo,
por la acera de enfrente;
algo más fuerte que la vida
nos hizo voltear,
mirarnos, acercarnos.

Comprender que aquello,
que aquel encuentro, aquel momento,
fue escrito tiempo atrás;
nos sonreímos y sin decir más,
caminamos juntos sin siquiera titubear.

Descarga eléctrica,
que atrapa el corazón,
que unió dos polos
y anuló la razón;
descarga eléctrica,
que invitó a creer,
que encuentros
como este pueden suceder.

021688

Sin Aliento

Trabajo de sol a sol
y no obtengo ningún aliciente;
me siento sin fuerzas, cansado
que mi dormir parece de muerte.

Me esfuerzo mucho y recibo poco
y nadie valora mi entrega;
me siento invisible e ignorado,
muriendo atrapado en esta celda.

No entiendo, todo se vuelve contra mí,
mi entrega, es vista de mal manera al final;
vivo contra corriente, siempre nadando,
empieza a pesarme caer y levantar.

Tanto que a veces
quisiera desaparecer;
tanto que a veces
blasfemo contra la vida;
tanto que a veces
lloro sin saber "porqué";
tanto que me acuesto
esperando no despertar
y al reloj en la pared,
le arranco las manecillas.

Estoy seguro que le hablo al limbo,
cuando hablo de cómo me siento;
de ser así, prefiero vivir soñando
e imaginar que quizá... estoy muerto.

Tanto que a veces...

022288

Me Lastimas

Manos de hielo
que queman en caricias;
son peligro, son mentiras,
¡detente... me lastimas!

Besos de fuego,
que embelesan, que castigan;
son trampa que me hechiza,
¡detente... me lastimas!

Y es que ya sé
lo que harás después;
repetir la dosis
una y otra vez.

Vas a pedir "prueba" de mi querer
para lograr alguno de tus caprichos;
y yo como siempre obedeceré,
luego te iras ignorando que yo vivo.

Miradas de ensueño,
que prometen, que dominan;
son abismo, son perfidias,
¡detente... me lastimas!

Vas a pedir...

022888

¿Para Qué?

Podría meterme
debajo de una roca;
también perderme
en la profundidad del mar;
pero, ¿para qué?, ¿para qué?

Podría subir a la montaña
tras la "muerte blanca";
para el suicidio
no me falta oportunidad;
pero, ¿para qué?, ¿para qué?

Estoy vivo y eso es lo que cuenta
y contigo o en tu ausencia;
haré luz de las tinieblas
y música del silencio.

Y si muero, no te aviso,
más si vivo... no te quiero.

Podría tirarme
a las ruedas de un coche;
y al lodo del vicio
hasta reventar;
pero, ¿para qué?, ¿para qué?

Podría encontrar
la más cobarde salida;
escoge tú:
"pelear, matar, tomar, llorar";
pero, ¿para qué?, ¿para qué?

Estoy vivo y eso es lo que cuenta...

020888

Robinson Crusoe

Tormenta de truenos y rayos afuera
observo; y me abraza la fría soledad,
o será quizá la frialdad de esta cueva;
mi barba es larga, tanto como mi edad.

Soy rey y ciervo de esta inhóspita tierra,
hoy vivo casi como un animal salvaje;
y juro aunque nadie crea, he visto tres sirenas,
con un catalejo escondido en el follaje.

Aquí no soy el cazador, soy la presa,
desesperado, hambriento, muerto de miedo;
cada noche me "rescatan" en mis sueños,
la soledad es sin duda la locura más intensa.

Monstruos nocturnos rondando afuera,
como añoro el mundo que perdí aquí;
y a la tenue luz de una improvisada vela,
en este diario, mi penosa historia, escribí.

Naufragué, sobreviví solo yo,
esta isla, esta jungla, cárcel de mil años;
en solitud aprendí ciertamente cuan débil soy
la naturaleza es brutal, sobre todo al humano,

Solo aquí supe lo que es el amor de Dios,
lloré hasta que mis lágrimas se agotaron;
veintiocho años después abandoné mi prisión;
volvió el hombre, de nombre: Robinson Crusoe.

030188

Triste Novela

Nunca he sido
el "héroe" de la película,
pero tampoco el "villano";
nena junto a ti
me ha tocado perder
como pierden los "malos".

Y es que sabes
que enamorado me tienes,
juegas con mi corazón;
te vas, regresas,
jamás me comprendes,
me hacer perder la razón.

Nena has hecho del romance
el juego del gato
y del pobre ratón;
nena jamás me das chance,
quizá de un "berrinche"
me vaya al panteón;
nena lo que más me da coraje,
que me buscas,
luego me botas cual triste balón;
nena ya deja de maltratarme
o acabarás por
pulverizar este amor.

Espera un poco
mira que amo la paz,
no seas mala, no más guerra;
no soy el enemigo,
te amo de verdad,
nena necesito, me des tregua.

032188

Acertijo

No necesito de la luz,
pues mis ojos
la poseen;
y de errar y tropezar
mi idiosincrasia,
me protege.

Estoy desnuda
para los que son
como yo;
pero escondida
para los incrédulos,
como tú.

Tú me encerraste
pero te tengo presa yo a ti;
casi siempre me odias,
y muy pocas te envaneces de mí.

Soy de papel,
más tengo piel;
soy tu brutal y sincera verdad,
de mí no te puedes ocultar.

No necesito tener voz
pues mis ojos
la poseen;
y junto a ti voy a dormir,
así es cada noche
así es para siempre.

033088

Hazlo Cuando Quieras

Te desnudas con delicadeza,
descubres tus formas;
y con íntimas normas,
bañas tu belleza.

Secas y peinas tu pelo,
las uñas te pintas;
los labios te pintas,
vestido azul cielo.

Pones líneas en tus ojos,
luego te perfumas;
rostro sin arrugas,
es tu gran tesoro.

Reflexionas un poco,
cambias tu vestido;
no hace falta,
ese te sienta bien;
¿será acaso tu humor
o un loco capricho?;
cambiar cinco veces
tu segunda piel;
mujer vanidosa,
hazlo cuanto quieras;
que de todas formas,
luces tu belleza.

031288

Especialmente Para Ti

Me gusta verme
en tus ojos de niña,
al darte calor
entre mis brazos;
y hablar contigo
cuerpo a cuerpo,
o a tomar café
antes de acostarnos.

Me gusta verte
frente al espejo,
vistiéndote, peinándote,
doncellez y maña;
y esa tierna forma
de acercarte a mí,
cuando el hechizo
de la luna, nos baña.

Mis mejores momentos
los paso contigo;
mis noches son tibias,
mis sueños tranquilos;
no hay celos, ni riñas,
el lecho es testigo.

Me gusta mirarte
cuando duermes a mi lado,
piel con piel
y el alma desnuda;
me agrada dejar
una ventana abierta
para amarte
a la luz de la luna.

040188

Fobia Al Amor

Que irónica es la vida,
pensar que
con quien más te identificas;
con quien mejor te sientes hoy,
no le puedas
compartir tu amor.

Que irónico es vivir
amando a alguien
y tenerle que fingir;
callar lo que te quema,
por no
causarle algún problema.

Aunque ella, aunque tú,
sientan la misma emoción;
porque ella, porque tú,
le tienen fobia al amor.

Que irónico es soñar,
volar alto,
morir, luego despertar;
y ocultar prohibidas palabras,
bien debajo
de la muda almohada.

Aunque ella, aunque tú...

040888

Lo Estoy Soportando

Es por demás triste,
no saber de ti,
pero así es mejor;
me basta saber que existes,
aunque no seas de mí.

Guardo lo mejor de ti,
aunque quema recordar,
pero así es mejor;
vivo y te dejo vivir
aun cuando duela dejar.

No sé si aún te amo,
tampoco si ya no;
ahora lo estoy soportando,
quizá mañana te habré olvidado.

Y no escribo esto
para hacerte un reproche,
para ti lo mejor deseo;
te agradezco el pasado,
que tengas paz por las noches.

No quiero causarte una pena,
por eso me encierro en mi cuarto,
sé que así es mejor;
aunque la luna llena,
me quite tu amor a pedazos.

No sé si aún te amo...

041388

No Tienes Salida

Deja de correr
y de esconderte en la fría noche;
pues tus pasos,
son los míos;
y tus latidos son tan fuertes,
que puedo oírlos.

Deja de correr,
no alargues más el momento final;
pues tu angustia
y tu deseo;
gritan mi nombre al nacer el sol
y al salir la luna.

No dejes pasar el amor,
déjalo entrar en tu piel;
cierra tus ojos, cuenta hasta diez,
vive tus sueños de pasión;
en completa libertad,
en completa intimidad.

Deja de correr,
tímida fugitiva de ojos claros,
no te resistas más
no lo intentes;
ya puse mi nombre en tu corazón,
y no escaparás.

No dejes pasar el amor...

041988

Postrimería

Estoy harto de tomar café,
irritado por tanto cigarro,
mi pelo luce enredado;
me pesan los ojos;
no quiero dormir.

Mi barba ya pide navaja,
y tu recuerdo revienta mi pecho,
a quejarme no tengo derecho;
me revienta el cuerpo;
no quiero dormir.

Te escribo, el pulso tiembla,
te llamo a gritos en papel,
es lo único que puedo hacer;
me enferman los nervios;
no quiero dormir.

Pienso en ti y no quiero,
quiero morir y no puedo;
la desesperación me tiene preso,
de mirar tu foto estoy casi ciego.

Agachado, mi espalda encorvada,
como si sostuviera un piano,
siento que envejecí mil años;
me duelen los huesos;
no quiero dormir.

Pienso en ti y no quiero...

042088

Elevador

Esperando el elevador,
nos besamos
en la planta baja;
todo será contra reloj,
diez pisos,
para jugar al amor.

Sin dejar de besarnos,
caricias prohibidas,
piso segundo;
pasión, acero con muros,
cerca del cuarto,
ya estamos desnudos.

Acción al llegar al sexto,
medias negras,
suspiros al séptimo;
dos pisos al mágico momento,
piso noveno,
tu clímax primero.

Un eterno segundo después,
nena te alcanzo,
cohete al cielo;
ahora tenemos diez pisos abajo,
para vestirnos
y guardar el secreto.

042288

Incendiario

No fumo,
más no me faltan cerillos,
busco calor, no importa de donde venga;
el fuego
es mi mejor amigo,
¡vamos nena, atiza la hoguera!

Dicen que soy
un enemigo publico
porque quemé siete veces mi casa;
un hobby especial,
peligroso y único,
"¡usted está loco!", dice mi psiquiatra.

El fuego es mi juego,
¡incendiario, incendiario!;
llamas en el cielo,
¡incendiario, incendiario!;
camisa de fuerza me quieren poner,
¡pero soy bombero, se van a joder!

Mi color
favorito es el "humo",
mi gran pesadilla un extinguidor;
en sueños ardientes,
diario me consumo,
ya no tiembles nena, yo soy tu "calor".

El fuego es mi juego...

042288

Tan Cerca, Tan Lejos

Hasta hace poco me atormentaba
pensar que
ya nada nos unía;
que equivocado estaba,
imaginaba
mil tonterías.

Porque una tarde me di cuenta
que no estás
tan lejos como creí;
a solas escuchando la radio,
te sentí,
muy cerca de mí.

Cierto es que igual que yo,
tú me extrañas frente a otro radio,
escuchando la misma estación;
cierto es que igual que yo,
me recuerdas viendo esos programas
que mirábamos juntos en la televisión.

Hasta hace poco me sentía angustiado,
en aquel gran vacío,
vivía en un cubo de hielo;
oyendo la radio lo estoy soportando,
llamo a la estación,
y te mando un beso.

Cierto es que igual que yo...

042388

Promesa # 2

Cuando el peligro sea inminente,
y la confusión,
haga estragos en tu mente;
cuando tengas problema tras problema,
o tu sensación
de vacío sea gigantesca.

Cuando sientas que la fe te abandona,
o te sientas mal
entre "malas" personas;
cuando todo y todos se vuelvan contra ti,
y en el día más caluroso,
un intenso frio te abraza a ti.

Levanta tus ojos al cielo
y pídele a Dios: perdón;
pídele paz para el corazón,
pero hazlo con sumisión;
pídele fe, amor, valor,
pero hazlo con sumisión.

Levanta tus manos al cielo,
cuéntale tu dolor, tus penas,
arrepiéntete mientras puedas;
que tu plegaria sea sincera,
Dios perdona todo, aunque no lo creas,
¡su misericordia es eterna!

Levanta tus ojos al cielo...

042488

Un Poco De Mí

No soy un chico "bueno",
no soy famoso,
tampoco adinerado;
soy un gladiador de la vida,
y un amante
afortunado.

Un loco poema de justicia,
y tormenta de pasión
en luna llena;
historia que va de boca en boca,
tengo un ángel,
también una estrella.

No soy un héroe,
pero soy mi propia ley;
vivo de noche,
busco acción, ruido, placer;
sentimiento en movimiento,
libertad bajo la piel.

"Ella" me espera a la media noche,
vestida de "nada",
rosa de un cuento;
busco aventura por donde paso
pues mis ancestros,
fueron gitanos.

No soy un héroe...

042688

Te Extraño

Esta mañana, el café
me sabe más amargo;
aunque no tanto
como nuestro adiós.

Apenas ayer te fuiste,
sé que en parte fui culpable;
¿qué puedo hacer?,
me domina la confusión.

Me siento derrotado,
cansado, falto de fe;
me duele el alma
de buscar consolación.

Ahora
me doy cuenta,
no soy tan fuerte como creí;
las lágrimas
me traicionan,
son los recuerdos que tengo de ti;
este es el día
más duro en mi vida,
no sé a dónde ir;
ni que hacer.

Se acerca la noche,
la primera que no te tendré;
cerca de mí,
juntos los dos.

042888

En Alguna Estrella

Quisiera que mis palabras
fuesen más
que una danza de letras;
que halaga y arrulla tus sentidos
cuando lees lo que te escribo.

Quisiera que mi voz
quedase
eternamente prendida a ti;
y que una estrella me permitiera
todas las noches dormir en ella.

Quisiera que mis manos
se volviesen
palomas que alto vuelan;
y jugando con las nubes en el cielo
hicieran un castillo con mil deseos.

Porque así sería fácil
cuidarte, cantarte,
arrullarte, mirarte,
duerme tranquila;
yo estoy aquí,
sueña sin prisa,
yo estoy allí.

Quisiera que mis pensamientos
fuesen
la caricia más oportuna;
cuando te sientes pequeña
y lloras quizá de alegría... quizá de pena.

Porque así sería fácil...

042988

Mala Reputación

Hay ocasiones
en las que no sé
si estoy siendo yo mismo;
no quiero una vida
de hipocresía,
a veces me domina un espejismo.

Hay veces en que
estalla mi locura,
detesto la mentira y en "ella" vivo;
el egoísmo alrededor
me asfixia,
muy pocas veces duermo tranquilo.

No podría culpar a nadie
de mi mala reputación;
pues ni yo mismo conozco,
"¿cómo?", "¿cuándo?", ¿dónde?", comenzó.

Llevo un fantasma
pegado a mi espalda
un estado mental por demás destructivo;
me ahogo en silencio,
necesito ayuda,
pues a vivir así... no me resigno.

No podría culpar a nadie...

050288

El Ególatra

Camino sin mirar atrás,
no me importa a quien hiera;
lo cierto es que valgo más,
y desconozco la clemencia.

Sé que soy muy especial,
nadie me importa más que yo;
mi conveniencia es esencial,
aun por encima de todo el amor.

Que tú me llames ególatra,
no me ofende, me halaga;
orgulloso de ser auto idólatra,
primero yo, caiga quien caiga.

Mi oración es la ingratitud,
pues soy el que nunca compartió;
vanidad es mi segunda virtud,
la envidia me sigue a donde voy.

No conozco el vocablo: "sacrificio",
pues siempre "primero" seré yo;
nadie ni nada podrá cambiarme,
así que mejor guárdate tu opinión.

Que tú me llames ególatra...

051688

No Dejes De Ser Mi Amiga

Aunque todas las noches
tus sueños estén completos;
las estrellas te arrullen,
tengas calor y tiernos besos.

Aunque todas las tardes,
los compromisos te roben tiempo;
las citas te asedien
y quizá te lleven lejos.

Aunque tengas "quien"
cumple todos tus deseos;
aunque no estás sola,
y tengas amor, en todo momento.

Yo te pido mujer, jamás,
no dejes de ser mi amiga,
aunque un día nos separe el mar;
no dejes de ser mi amiga,
me devastaría,
me lastimaría.

Aunque todos los días,
encuentres amigos nuevos;
de mí, no te olvides,
eres lo mejor que tengo.

Yo te pido, mujer, jamás...

051788

Neodecadencia

Mis pulmones no respiran más,
el oxígeno dejó de ser vital;
un nuevo corazón de titanio
que late de un impulso cerebral.

Fluye mi sangre de mercurio
por mis venas hechas de berilio;
soy humano y maquina perfecta,
carne injertada de circuitos.

Soy un premio Nobel de la ciencia,
del año dos mil ciento cincuenta;
maquina con albedrio y conciencia,
soy el hombre de la Neodecadencia.

Ya no le temo a la muerte,
soy perfecto, soy inmortal;
deshecho nuclear es mi alimento
y protege mis órganos de metal.

No puedo "amar", soy estéril,
y eso a veces me hace llorar;
quien me creó no supo de Aquiles,
olvidó que el llanto deshace el metal.

Soy un premio Nobel de la ciencia...

051988

Lo Que Grito A Solas

Desde que estás aquí,
luz de alerta me previno;
detener mi loca pasión
o caería al precipicio;
de la cruel incomprensión,
del sueño sin resquicio.

Desde que estás aquí,
como el vino te has vuelto vicio;
sin medida, sin control,
sin siquiera un aviso;
empiezo a beberme tu amor
en lugares sin testigos.

Has comenzado
a formar parte
de mi vida, de mis sueños,
de mi aire, de mis noches,
inútil mentir, callar es mortal,
así te hablo en soledad.

Desde que estás aquí,
poco a poco te has metido;
escondida en la noche de mi corazón,
creo que siempre te he querido;
solo que antes robaron mi amor,
hoy tengo miedo... suceda lo mismo.

Has comenzado...

052388

Mentira En Celofán

Ojos que miran
con ensueño la gran luna;
labios que prometen
calor, son suaves dunas.

Piel que quema
y augura noches de pasión;
movimientos que
indelebles atrapan el corazón.

Aunque todos
me advirtieron de tu fama;
creí lo que quise
creer y hoy me toca sufrir;
mil explicaciones
no sirven y no justifican nada;
creo que lo llevas
en la sangre, tarde lo entendí.

Encantadora decepción,
espejismo bajo la piel;
engaños con dulce voz,
a veces uno, a veces diez.

Hipnótico caminar
al vaivén de una falda;
tirando mentiras
dondequiera que pasas.

Aunque todos...

052388

Apología Inerte

Si viajar es alejarse
y alejarse es soñar,
entonces quiero dormir;
si amar es entregarse
y entregarse es todo dar,
entonces quiero sacrificar;
si llorar es desahogarse
y desahogarse es aceptar,
entonces quiero sufrir.

Quiero un par de blancas alas
y en libertad volar, volar hasta encontrar,
el fin de mis pesadillas de guerra
más allá del "mar de lágrimas" llegar;
dicen que allá no existen penas,
te prometo si existe... por ti regresar.

Si luchar es no rendirse
y rendirse es claudicar,
entonces quiero pelear;
si hablar es rebelarse
y rebelarse es desertar,
entonces quiero callar;
si anhelar es ensoñarse
y ensoñarse es añorar,
entonces quiero olvidar.

Quiero un par de blancas alas...

053088

Odisea Privada

Un día me perdí en la sala
con mi lectura favorita;
entonces oí que me llamabas,
de esa manera que a amar invita.

El libro podía esperarme,
corrí arriba por la escalera;
mi corazón ansiaba romance
desde el pasillo vi abierta la puerta.

Crucé el umbral, brazos abiertos,
solo encontré blancas paredes;
quizá estabas vistiendo tu cuerpo,
corrí al baño, "quizá allí te encuentre".

"¡Amor no te escondas, quiero amarte!",
ven a mí con esa forma especial;
ese fuego, esa pasión, esa parte,
que se me ha vuelto esencial.

Pero no estabas tampoco allí,
llamé tu nombre alzando la voz;
susto sentí cuando tocaste mi hombro,
"leyendo me dormí pensando en ti amor".

"Amor no te escondas...

060288

Historia De Un Beso

¿Recuerdas el primer beso?,
yo cerré los ojos, tú no lo hiciste,
y cuando los abrí, nos miramos;
luego reímos a carcajadas;
"fue algo tan cómico" yo pensé,
no sabía porque tú reíste;
más tarde me confesaste
que fue por la sorpresa en mi cara
cuando abrí los ojos y te miré.

¿Recuerdas el primer beso?,
yo abrí mi boca, tú no lo hiciste,
luego abrí los ojos, nos miramos;
te mirabas un tanto apenada;
yo te acerqué, te abracé con ternura;
"a nadie abriendo la boca he besado" dijiste;
y con afecto besé tus ojos cerrados,
abriste tu boca, ya más confiada
y probé en tu lengua la dulzura;
primer beso que nunca olvidaremos,
momento en que fundimos el alma;
sabor del dulce corazón ambos bebimos,
fue despertar a la vida en un beso;
el acelerado palpitar que iniciaba
el inigualable éxtasis que sentimos.

¿Recuerdas el primer beso?,
yo busqué tus labios, tú resististe;
pero cuando nuestros labios se rozaron,
ambos sentimos esa descarga;
y nuestras lenguas danzaron sin censura,
en una pausa, "te amo" me dijiste,
yo te respondí "yo también te amo";
un segundo, sin miedo, entregar el alma;
abrazas mi cuello y yo tu cintura.

060688

Perderlo Todo

Aún no es hora
de que el sol se oculte;
pero las sombras del sueño
me siguen,
atacan y vencen;
luego me muero en el lecho.

Ahora todo es
tan vano, tan aburrido;
las horas se niegan a correr,
me matan,
me torturan, me enloquecen;
luego rio y lloro a la vez.

Sé que te di el alma,
y dártela no debía;
quise jugar tu juego,
sin saber jugué con fuego;
tú te alejaste luego,
sin escuchar mí ruego.

No he dicho nada
aún a mi amiga luna;
de lo que sufro de noche;
ante el espejo miro
como crecen las ojeras;
de un mudo reproche.

Sé que te di el alma...

060888

Pequeñas Cosas

Hoy descubrí,
lo bien que me haces sentir;
cuando te abrazas de mi brazo,
al caminar por ahí.

Hoy entendí,
el valor del amor en detalles;
una mirada, una caricia, una palabra,
al caminar por ahí.

Hoy yo sentí,
el mundo dentro de mi puño;
tú junto a mi es suficiente,
al caminar por ahí.

Es una mágica
y extraña conexión,
que te reafirma
que es amor verdadero;
los secretos dejan de ser
voluntaria confesión,
podemos al mundo
detener si queremos.

Hoy lo creí,
lo grandes que son los detalles;
como susurrarte amor al oído,
al caminar por ahí.

060988

Batalla De Amor

Deja de evadirme,
pues tus ojos te descubren
cuando me miras furtivamente;
apenas un instante
pero enamoradamente.

Deja de esquivarme,
pues tus latidos se aceleran,
cuando pasas cerca de mí;
quisieras quedarte
y jamás ruborizarte.

Batalla de amor,
que al perder te hará ganar;
proyectil de pasión
que a tu alma llegará;
saeta de ilusión
que liberará ese huracán;
obús de dilección
que al final te atrapará.

Deja de esconderte,
pues aunque dejes de verme,
no puedes dejar de pensar en mí;
déjame conquistarte,
déjame ser tu amante.

Batalla de amor...

061088

Nuestro Secreto

Las líneas horizontales
de colores por tus caderas,
son el arcoíris
del ángel del deseo;
son celda
en la cual quiero estar preso.

Los aromas prohibidos,
que rodean tu tersura,
son un viento
dulce y fresco;
son isla
en la cual quiero estar preso.

Te hice una promesa,
ya la cumplí,
ahora cumple tú,
vive para mí;
te hice una promesa,
en la intimidad,
ya te debo algo,
es pasión ilegal.

Las formas y contornos
de tu condición de mujer,
son un momento
que en papel tengo;
son el ensueño
en el cual quiero estar preso.

Te hice una promesa...

061288

El Peligro Viste De Rosa

Sabes sonreír
y conseguir lo que quieres;
atracción fatal,
que acaricia y enloquece.

Sabes abusar
de esa especial belleza;
ángel fugitivo,
explosiva insolencia.

Sabes hacer
que el corazón se agite;
encanto sensual
que el hielo derrite.

El peligro viste de rosa,
tu hechizo es ser cariñosa;
femenina y misteriosa,
sutil y libre como paloma.

Sabes encender
la sangre más fría;
maja que seduce,
mirada que esclaviza.

El peligro viste de rosa...

061388

Tres La Pareja Perfecta

Es asombroso el caos,
que una chica bonita puede hacer;
más cuando dos se juntan
hacen que el mundo gire al revés.

De un par así les voy a hablar,
niñas latosas de muy buen ver;
tan locas como una cabra,
su "lógica" es "ilógica", "cero estrés".

Salir con una, imposible,
o a las dos o "¡hasta luego bebé!";
vale la pena el "sacrificio",
garantiza la diversión para tres.

Cuando vamos
por las calles principales,
nos miran, me envidian, les silban;
tontos, no imaginan,
si las conocieran,
es como estar en medio de "dinamita".

Yo que las conozco bien,
las sé un par de "dulces", un par de "fieras";
he pasado los mejores momentos,
con mis dos amigas, mis dos bellezas.

Cuando vamos...

061488

Aniquilado

Cuando después
de unos tragos
te da por hablar de "ella";
contarle a tus amigos,
que a pesar de todo,
lo que luchas, no puedes tenerla.

Te sientes una rata,
pues no eres feliz;
las lágrimas te impiden seguir
hablando de tu suerte;
de lo linda que "ella" es,
ahogado por el licor, quieres morir.

Todos
guardando silencio,
escuchándote atentos;
tu pena
merece respeto,
silencio por tu tormento.

Trago tras trago,
cigarro tras cigarro,
te desahogas un tanto;
y mal que bien
te olvidas un poco de "ella",
pero al final la sigues extrañando.

061588

La Rosa Negra

Tras una vieja leyenda,
he venido al Polo Norte,
a buscar la mágica gema
custodiada por cien dragones;
dioses de nieves eternas,
la ocultan de los ladrones,
un cementerio que allá llaman:
"El descanso de los galeones";
cuentan que allí las sirenas,
la escondieron a los ojos del hombre.

La Rosa Negra,
la Piedra del Vikingo;
profética gema,
ansiada por siglos.

Tras esa fatua quimera,
tras el don de la ubicuidad,
rutas vacías de clemencia,
me abrazan, me ven pasar;
muerte blanca eterna,
reina en aquel infernal lugar,
negra luz, negra estrella,
vi mil cráneos rodeando su altar;
yo luché, vencí, llegué tan cerca,
morí, nací... hoy soy su guardián.

061688

Motivos Para Amarte

Cuando me hablas
a través de tu mirada;
y pones ese tono
"especial" a tus palabras.

Al compartir tu tiempo
a mi lado en cualquier parte;
y confiarme aquello
que nadie más sabe.

Cuando entregas el alma
en tus tiernos besos;
y mis fobias y defectos
tratas de entenderlos.

Me estás dando
motivos para amarte;
me estás dando
razones para adorarte.

Al tomar mi mano
con fuerza al cruzar la calle;
por tu afán de ser
en mi existencia alguien importante.

Al tratar de entender
mi vida de crucigrama;
y al creer en mí
alentando mis esperanzas.

061788

A Nada

Cuando vamos sin prisa
en la calle a solas;
cuando buscas mis caricias
o cuando la mano me tomas.

Cuando llega el momento
de juntar nuestros labios
en muestra de cariño y respeto,
cerramos los ojos, nos besamos.

No sé muy bien cómo explicarlo,
pero algo en mi me hace sentir
un miedo que no puedo controlarlo;
es un frio, un dolor, debo admitir:

"Tus besos no me saben a nada,
no siento amor, ternura, emoción";
"tus besos no me saben a nada,
la indiferencia no tiene control".

¿Será que hemos llegado al final?,
quisiera saber si te sientes como yo;
me importas, me gustas pero ¿cómo callar?,
lo menos que quiero es causarte dolor.

Cuando caminamos abrazados
y te detienes, me miras luego;
siento que estas interrogando
en mis ojos, lo que por ti siento.

"Tus besos no me saben a nada...

062188

Al Fin y Al Cabo

Qué más da que por la noche
me rinda a eróticos sueños
como tributo a tu piel;
que te guarde un luto sin reproches,
si quizá tu amor ya tiene dueño,
si ninguno ha sido fiel.

Qué más da que nuestra primera vez
te atormente cuando "el" te ama,
y que una lágrima te traicione;
que me porte "bien" y a las diez
vaya a la cama, renuncie a las copas
o que te escriba canciones.

Si al fin y al cabo,
ya nada puede cambiar;
si la fin y al cabo,
lo hecho, hecho está.

Qué más da que nos extrañemos
que tú hables de mí y yo de ti
las mejores cosas;
si nunca más volveremos a vernos,
no hay de otra, tiene que ser así,
decisiones costosas.

Si al fin y al cabo...

062288

Veintiséis Cuadras

Suena el mágico timbre,
y el fin de la última clase por fin llega;
me despido aprisa de mis compañeros
y comienzo a caminar pasillos y escaleras;
finalmente te veo,
vienes a mi encuentro entre un mar de estudiantes;
nos abrazamos, luego un largo beso,
rumbo a la salida caminamos cuanto antes;
mientras hablamos
cruzamos varias calles hasta el puente, paramos a la mitad;
siempre nos detenemos, descansamos,
y observamos por unos minutos nuestra ciudad;
es un viaje tardío,
paramos en un café Chino a pasar el tiempo;
café con leche y pan dulce compartimos
y platicamos mil cosas entre risas y besos;
una hora ha pasado,
nuevamente la ruta hacia tu casa emprendemos;
otro puente, tanta gente, luego un mercado,
terminal de camiones y la estación del "metro";
en la alameda
nos sentamos en una banca, comienza la lluvia fuerte;
y corremos a buscar resguardo en las tiendas,
joyerías, zapaterías, discotecas, te entretienen;
la tormenta, es llovizna, podemos seguir
y como tantas veces, ignoramos el mojarnos;
caminamos bajo la hermosa fría tarde gris
entre sombrillas, charcos de agua, sin soltarnos;
por fin llegamos,
me llenas de abrazos y besos antes de partir; al cine iremos,
más tarde regresaré, excusas para estar juntos siempre buscamos;
días de camino, de café y de cine... que nunca olvidaremos.

062288

Nuevo Camino

Dando vueltas en la cama,
sin poder dormir; inquietud,
me levanté, salí a caminar;
la calle vacía, lloviznaba,
encendí un cigarro; preocupación,
un perro ladra al verme pasar.

Hace días perdí la calma,
la lluvia arrecia; interrogación,
otra noche preso del pensar;
escudriñando el alma,
mi pelo mojado; impaciencia,
decisión que debo tomar.

Mi mente sugiere mil opciones,
el miedo a errar es sobrecogedor;
he llegado al punto en donde
el estrecho camino se parte en dos.

Del pelo a la cara agua resbala,
una vez en la vida; tribulación,
en un rincón, dos juegan a "amar";
disfruto la lluvia, la lluvia calma,
un rayo, luego el trueno; zozobra,
mañana un nuevo camino debo tomar.

Mi mente sugiere mil opciones...

062888

Colosal

Las noches más oscuras,
no están aquí, están allá arriba;
allá en aquel mar de estrellas,
se dice que allá moran estos gigantes.

Monstruos de ilimitada maldad,
que atrapan al hombre, le dominan;
y su débil voluntad quiebran
y les exigen sacrificio de sangre.

Cada vez que una vida es robada,
una estrella allá al instante expira;
nadie imagina la guerra brutal eterna,
entre la luz y las frías bestias voraces.

Acá esa vida sacrificada, da señal;
los gigantes como hienas furtivas,
ansiosos devoran la estrella muerta,
no hay piedad, ni tregua al contrincante.

Nosotros les llamamos hoyos negros,
los monstruos de maldad se multiplican;
tras voraz festín de estrellas muertas,
la oscuridad crece de manera incesante.

Dicen que cada mil años aparecen "ellos",
colosos salvadores con trayectoria divina;
plegarias con poder de cien soles, cometas
cruzan el espacio tras un destino inevitable.

El corazón oscuro de las bestias
con fuerza inimaginable golpean y fulminan;
los gigantes perecen, allá se enciende una estrella;
acá, un aliento de vida, un llorido... un niño nace.

062888

Promesa # 3

Calla y escucha,
evita el blasfemar;
maldito para siempre,
el que se atreva a negar;
la existencia de Dios
y su palabra celestial;
pues el que en "El" creyere,
Dios jura "salvo será";
y al pecador arrepentido
por piedad perdonará.

Mi Señor es piadoso,
es omnipotencia universal;
por tu bien no le olvides,
o "El" hará lo mismo en el juicio final.

Calla y escucha,
aquí de paso estás;
para "El" no hay secretos
y por tu obra te juzgará;
quizá el camino es difícil,
sigue así y te premiará;
pues el que en "El" creyere,
Dios jura "salvo será";
y al pecador arrepentido,
por piedad perdonará.

062988

Traviesa

Que loca combinación
de intelecto y hermosura;
sus exóticas costumbres
destrozan toda conducta.

Le gusta ir en bikini
cuando la llevo a cenar;
frijoles con espagueti,
es para ella un manjar.

Oír música a media noche
es para ella natural;
amarme en un elevador
o a media misa silbar.

Vestido de noche y "Converse",
vampiresa de carmín;
de poesía y locura un derroche,
niña traviesa, ¿qué haría sin ti?

De tonta no tiene un pelo,
está estudiando para abogada;
un maniquí con corazón,
extravagante tersura perfumada.

Y cuando vamos al cine,
ella riendo mientras lloro;
quien la conoce me envidia,
pues mi chica vale oro.

082888

Detrás Del Sol

Mis ojos te hablan,
me evitan palabras llanas;
te acarician también,
siempre con tiernas miradas.

Mis ojos te buscan
más allá de las montañas;
te extrañan también
tras memorias de filigrana.

Esconderme detrás del sol,
para no verte con otro amor;
es locura reventar un corazón,
por algo perdido, sin solución.

Mis ojos preguntan
algo que nadie sabe;
te olvidan después
por un piadoso instante.

Mis ojos te llaman,
cada que miran la luna;
te aman después,
como nunca amaron a ninguna.

Mis ojos te inventan
y en otra te ven reflejada;
te lloran después
en el desierto de mi almohada.

Esconderme detrás del sol...

082988

Oscuro Sueño

Negra selva donde mil ojos
me asechan,
monstruos escondidos;
no estoy dormido mas no puedo despertar;
voy huyendo
de mí mismo.

Huyendo de sombras voraces,
no hay descanso,
estoy herido;
mi pasado, mi verdugo,
mis sucios pecados
donde quiera que miro.

Ríos de odio, dolor perpetuo,
me hundo en arena;
viaje a lo eternamente prohibido,
un corrompido corazón preso;
mares de pena,
oscuras tinieblas me tienen cautivo.

Un sol de sangre, caída abismal,
brutal pesadilla,
eterno castigo;
no es difícil llegar a este lugar,
solo peca, duerme
y serás bienvenido.

Ríos de odio, dolor perpetuo...

091088

Cuando Ella Llora

Para esconderse,
las rocas no encuentran lugar;
no es mentira,
que las aves dejan de cantar.

Todas las flores
parecen marchitarse en un segundo;
y el día más bello
viste sus nubes de gris luto.

Todo eso cuando "ella" llora,
cuando lastiman su corazón;
llora la lluvia cuando "ella" llora,
cuando "ella" expresa su gran dolor.

Los ríos se detienen
para observarla y el mar calla;
y aunque es de día,
el sol apaga de pena su llama.

Se vuelve veneno
todo el aire a mi alrededor;
un corazón se agrieta
y otro estalla ante el dolor.

Todo eso cuando "ella" llora...

091488

A La Mujer

Yo amo a la mujer
que de noche teje sueños;
que entre lodo sigue blanca
pues limpio es su pensamiento.

Yo amo a la mujer
que ante el espejo es vanidosa;
que es valiente en la tempestad,
y en noches de luna ardiente rosa.

Yo amo a la mujer
que cuida su inocencia;
que no clama la atención
de los hombres con urgencia.

Mujer frágil y a la vez fuerte,
misteriosa y orgullosa cual cisne;
traviesa, tierna y paciente,
que la luz de la esperanza abrigue.

Yo amo a la mujer
de palabra clara y sincera;
un poco niña, tímida y noble
y de alma hermosa cual primavera.

Mujer frágil y a la vez fuerte...

091688

El fantasma De Tu espejo

Soy el primero y soy el único
mudo testigo de tus amaneceres;
te sé desnuda, te sé bella;
me das vida cuando te mueves.

El único a quien no puedes mentir,
porque soy tu verdad universal;
aunque a veces me hablas un poco
me atormenta no poder contestar.

Toda una vida hemos compartido
de tanto observarte, aprendí a imitarte;
a tus dieciocho te confesé mi amor,
porque sabía que no podías escucharme.

Soy el amante que no conoces,
confidente de todos tus sueños;
¡háblale, tócale, no ignores,
al fantasma que vive en tu espejo!

Te he visto partir, volver, llorar,
¡quisiera matar a quien te hizo sufrir!;
más no puedo dejar mi prisión de cristal
y sé que mis gritos no puedes oír.

Soy el amante que no conoces...

091988

Amistad

No todo camino es fácil,
ni todo viento es amable,
la amistad es algo así;
a veces rasguña, otras hiere,
exige toda nuestra paciencia,
es vital para sobrevivir.

No hay tormenta que no pase
y una rosa no se seca dos veces,
la amistad es algo así;
a veces desquicia un segundo,
más nunca traiciona al sincero;
no busca los triunfos destruir.

Amistad es arena formadora
de montañas;
es aliento, es unión, es locura,
es hazaña;
es amor de nivel humano,
puro sin mancha;
es una mano en el hombro,
es esperanza.

También es un arma de doble filo,
no puedes jugar con orilla alguna,
es cariño para compartir;
a veces nos pone duras pruebas,
nos pone de espalda uno al otro,
pero el final... es dulce redimir.

100188

La Última Caída

Por la geometría
de la escalera,
escurre lenta la vida en esencia;
es eterna alerta,
nadie aquí regresa,
tras un destino, has otra promesa.

Invicto adversario,
el tiempo no espera,
habrá caídas pero hay paciencia;
tortura la espera
por la luna llena,
ya estoy de pie, el juego comienza.

Quieres vivir, quieres amor,
levántate y hazlo mejor;
hazlo por ti, date valor,
olvida ya, aquel error.

No te rindas
o estarás muerto,
tu sangre ardiente es sangre guerrera;
cielo o infierno
por ti esperan,
abajo o arriba, en esta escalera.

Quieres vivir, quieres amor...

101588

Verano

Vístete de blanco, no de negro,
es el color
que mereces;
sobre la hierba camina descalza,
que mirarte
entre flores, me enternece.

Desnúdate sin miedo, ve al agua,
moja tu pureza,
tu promesa;
pues el verano nos envuelve
y nos abraza
la naturaleza.

Olvida el reloj,
las normas, la ciudad,
el hechizo del verano;
celebremos los dos,
esta humana reciprocidad
es tiempo para amarnos.

Piérdete entre aquellas rosas,
no temas,
"una" a "otra" no hiere;
desinhíbete, es el momento,
para dejar
que el tiempo vuele.

Olvida el reloj...

101888

Promesa # 4

Solo así sé vivir,
sobre la palma de tu mano;
pues allí encuentro misericordia,
encuentro paz, me siento amado.

Solo así sé vivir,
protegido por tu omnipotencia;
rodeado de esa luz de esperanza,
¡Señor de mi ten clemencia!

Solo así sé vivir
agradeciendo por todo Señor;
vivo por tu gracia infinita,
mi gran tesoro es tu amor.

Y nunca me bajes al suelo,
pues el pecado reina allí;
no quiero ofenderte otra vez,
¡en tu palma déjame vivir!

Solo así sé vivir,
alimentado de tus sueños de fe;
luchando por ser un poco útil,
a ti Señor y a mi semejante ser.

Y nunca me bajes al suelo...

101988

Fuimos Hechos Para Amar

Suaves besos que despiertan,
palabras bonitas que acarician;
tiernas miradas que enamoran
y un corazón latiendo de prisa.

Dedos que juegan con el pelo,
ojos que desnudan e hipnotizan;
tus labios en mis labios
y una mejilla suave y tibia.

Las estrellas...
diamantes en el cielo,
nos abrazan y en tus ojos
las veo brillar;
flores...
que mezclando aromas,
nos recuerdan
que fuimos...
hechos para amar.

Deseos como estrellas fugases,
respiraciones jugueteando inhibidas;
ahora el tiempo se detiene...
sentimientos en perfecta sincronía.

102888

El Gatito

Samantha tiene un gatito
y lo quiere más que a mí;
¡pulgoso animal "roba-cariño",
te he de agarrar solito a ti!

Samantha no sale de casa
si su minino está inquieto;
Samantha amor, ¿qué pasa?,
"¡nada, mi gatito es primero!".

Samantha de día y de noche,
lo mima y le pone perfume;
¡yo quiero bajo mi coche
a esa bola de pelos con mugre!

Este era un gato
que no era de trapo
y que robó mi querer,
¡ese gato debe perecer!

Samantha tenía un gatito
y lo quería más que a mí;
pero ayer lo atropellaron,
¿quién haría una cosa así?

Este era un gato...

102488

No Te Engañes

Amiga, perdona pero honestamente,
lo tuyo es pura pasión;
no trates de convencerme,
se ve a lejos que no es amor.

Pregúntate: ¿lo amas o lo quieres?,
sin caer en la obsesión;
en cada caricia tú mientes
y lo que ofreces no es amor.

"El" no imagina y no merece,
fingir es mentir, esto lleva al dolor;
tú vives de modo inconsciente,
mírate al espejo del desamor.

Aún estas a tiempo,
no juegues con "el"
por puro egoísmo;
acepta, tú vives fingiendo,
"amar" y "jugar a amar"
no es lo mismo.

Haz lo correcto, sinceramente,
o caro pagarás tu error;
a este capricho intrascendente,
por bien de los dos... dile adiós.

Aún estas a tiempo...

102988

Acusaciones

Acepto que padezco
de lagunas mentales,
que soy un paranoico inadvertido;
y que a veces
reacciono violentamente
pues tengo traumas que no domino.

Acepto que siempre
busco mi conveniencia
y que a veces me escudo en la mentira;
"nadie es perfecto",
es mi pretexto,
me da igual la simpatía y la antipatía.

Y es que la vida,
con duros golpes me ha despertado,
me enseñó a jugar sucio;
caída tras caída,
me forzó a caminar con los ojos cerrados
en un mundo corrupto.

Acepto que soy
un ser con traumas,
soy producto, error y defecto;
soy juglar,
pendenciero y vagabundo,
soy libertad, insolencia y deseo.

Y es que la vida...

102988

Dragón Del Sueño

Cada vez que duermes
y abres la puerta del sueño;
vives pecados prohibidos.
un mundo de placer inmoral.

Abstracta aventura pasional,
que añoras el día entero;
la noche llega con el hechizo,
y ese éxtasis te vuelve a abrazar.

No son solo imaginación,
ten cuidado, esos deseos,
tan reales y seductivos;
son un dragón que quiere tragar.

Tus sueños de esperanza
y tu espiritual libertad;
luego de pesadillas eternas,
preñada te va a dejar.

Te atrapa con fantasías,
con espejismos de vana ternura;
sus ojos, dos rojas mentiras,
y su lengua es blasfemia pura.

Este dragón tiene alas
de muerte, lujuria y satín;
para evitarlo tendrás que elevar
una oración antes de dormir.

Tus sueños de esperanza...

102988

Escena Perfecta

Me encanta pasar mis dedos
entre tu suave pelo;
y mirar tu alma en tus claros ojos,
morderte un labio un poco.

Acariciar tu mejilla con la mía,
te quejas que mi barba pica;
besar y pasar mi lengua despacio
en tu cuello perfumado.

Palabras tiernas en tu oído
te arrancan suspiros suavecitos;
mi dedo encuentra tu ombligo
y entre risas pegas un grito.

Perfecto contraste de nuestros cuerpos,
celebrando lo que somos,
un hombre y una mujer;
un balance opuesto tan perfecto,
compartiendo un sentimiento
al contacto de la piel.

Atento te observo, tú me sonríes,
tus labios un beso piden;
un beso largo y profundo
que dure un milenio por cada segundo.

Ahora con los ojos cerrados,
sin prisa nos amamos;
afuera llueve, escena perfecta
en la más sincera entrega.

Perfecto contraste...

102988

Que Fácil Fue

Noche de fiesta,
"ella" no está, no pudo venir;
los amigos te amonestan,
te convencen que te debes divertir.

Una copa, luego treinta,
ya la olvidaste, pobre de ti;
una chica en otra mesa
no te ha dejado de sonreír.

Desinhibido te presentas,
invitación a bailar, te dice que si;
el cazador tras la presa,
mutuas miradas son elixir.

Primero tus labios en su oreja,
seducción que no pudo resistir;
dos bocas con pasión se besan,
marcando un principio y un fin.

Qué fácil es romper un corazón,
que difícil volverlo a pegar,
que fácil destrozar una ilusión;
casi siempre por algo tan trivial.

Tus amigos con señas aprueban,
la "otra", bien pegada a ti;
mientras bailan secretean,
un ritmo lento de éxtasis.

De pronto aparece "ella",
al verte se siente morir;
no dice nada, llorando se aleja,
tú para "ella" has dejado de existir.

103088

Sin Más Ni Más

Tú crees que cuando
dijiste adiós,
y yo te pedí otra oportunidad,
que ganaste
y pusiste condición;
perdona, pero así no voy a jugar.

Pues antes
que pises mi honor,
por tratar lo nuestro salvar,
te agradezco todo;
mejor me voy,
jamás de rodillas me verás.

A partir de este momento,
no me importa lo que digas;
en cuanto a lo que por ti siento,
ya encontraré la "otra" salida.

Tú piensas que regresaré
pidiendo perdón;
no hice nada que debas disculpar,
te amo pero equivocas;
tu actitud superior,
además tu terminaste no debes olvidar.

Pues antes que rogar
caricias, me voy;
me acercaré al frio océano abismal
y tu foto
besaré una última ocasión;
y tu amor ahogaré sin más, ni más.

A partir de este momento...

103188

Mal Comportamiento

Últimamente algo anda mal,
mis ideas todas
me traicionan;
se confunden mis sentimientos
y siento que mi mente
no funciona.

Por momentos me desespero,
me invade la tristeza,
la frustración;
me siento solo, tan pequeño,
y todos mis sueños
aviento en un rincón.

Desde que todo esto sucede
me empiezo a portar mal;
y rompo todas mis promesas,
me abraza la infelicidad.

Últimamente un gran vacío siento,
no entiendo, lo juro,
esto me derrota;
me duermo y busco un blanco sueño,
pero es inútil,
tengo el alma sola.

Desde que todo esto sucede...

110288

De Verdad Te Necesito

¿Por qué te acercas y te alejas?,
¿crees acaso que el amor
es como una medicina?;
"una dosis al día, nunca dos".

¿Acaso crees que el sentimiento
sabe de fechas y horas?;
¿por eso me regalas unos minutos
y desapareces?, ¿es broma?

¿Quién te dijo que amar
se raciona como una dieta?;
o que es un "premio" a entregar
solo si hago la "tarea".

¡Te necesito justo ahora!,
no mañana o cuando puedas;
lo nuestro no es un "empleo",
"llegas, checas y las salida esperas".

No pienses tampoco: "soy injusto",
¿acaso el hambre de amar es dañina?;
no trates de mecanizar esto,
no te enfades, dije lo que sentía.

Te necesito...

110388

Cerrar La Puerta

Sabes que tomaste lo mejor de mí
y sin dar mucho a cambio;
sin aviso, huiste y olvidaste algo.

Dejaste una venda en mis ojos,
que me impide mirar donde voy;
esa partida tuya sin aviso y sin razón.

No percibo lo que me rodea,
todo en torno es filoso y frio;
no encuentro rama, me arrastra el rio.

En un cubo sin puerta o ventanas,
me encerraste;
en medio de una oscura autopista,
me ataste;
en el profundo abismo del mar,
me arrojaste;
de la orilla del más alto precipicio,
me empujaste.

No sé cuales fueron tus razones,
creo que eso es lo que me tiene así;
es una puerta que no puedo cerrar sin ti.

En un cubo sin puerta o ventanas...

110688

Ilegalidad

No sé qué es más triste,
si haberte dejado pueblo, gente,
o pensar que quizá
no vuelva a verte;
extraño mi tierra
en patria extranjera.

Añoro aquellas noches de bohemia,
cuando mi música y mis amigos
llenaban tus calles
de libres sonidos;
extraño mi tierra
en patria extranjera.

Aquí no soy nadie,
no saben qué existo;
aquí no me quieren,
me consideran un bicho;
aquí no importa,
si vivo, si muero;
no tengo libertad,
aquí vivo preso.

A veces este espejismo me traiciona
y me muero por volver a tu lado,
no puedo y el motivo
no he encontrado;
extraño mi tierra
en patria extranjera.

110888

Solo Una Chica Bonita

Acabas
de salir de mi vida,
lo creas o no, lo presentía;
sabía que
tú estás vacía,
eres incapaz de ofrecer compañía.

No moriré,
preparé este día,
cerré mi sentir a tu despedida;
por ti,
cualquiera el alma daría,
todos menos yo, sé de tu espina.

Solo eres una chica bonita,
antipática de alto grado;
un maniquí de bella sonrisa,
con un corazón congelado.

No tiene caso,
luchar por esto,
mejor renunciar, no hay otra salida;
busca
alguien como tú, de alma fría,
ya en libertad "otra" llegará algún día.

Solo eres una chica bonita...

110988

Perdimos La Guerra

Ruinas y destrozos nos rodean,
no separes tu cuerpo del mío;
metálicas espinas forman una cerca:
"no sueltes mi mano", te suspiro.

Tu aliento una dulce melodía,
el viento agita el polvo de guerra;
alguien nos tomó una fotografía,
agradezco a Dios mi preciosa tierra.

Ignora las heridas de la vida,
acércate, calentemos nuestros cuerpos;
el invierno azota, no duermas todavía,
aguanta, sé en Dios, sobreviviremos.

Fantasmales luces por la ciudad,
es el momento exacto para amar;
¡dispara!, ¡es tu oportunidad!,
amor y guerra nuestra intimidad;
quizá arriesgamos nuestra libertad,
pero nadie, ni tú ni yo... ganará.

Los lobos afuera aúllan, esperan,
cierra los ojos y ofréceme tu boca;
nunca abandonaremos esta cueva,
apaga la luz, alejemos las sombras.

Fantasmas en aquella ciudad...

110988

Asfixia

No pude dormir ayer,
me pasé en nosotros pensando;
mil preguntas y respuestas analizando,
sinceramente, no sé que como hacer.

¿Cómo hacerte entender?,
cada vez que tú y yo peleamos;
siempre acabo, yo la culpa aceptando,
aun cuando no sea yo quien fallé.

Siento un cierto coraje encender,
es letal asfixia que me está ahogando;
muy adentro quisiera castigarte tanto,
presiento lo sabes y no lo quieres resolver.

Pero después me invade un miedo
a perderte y me angustia el pensar;
¿cómo podría sobrevivir si me alejo?
y olvido tu falta de culpa aceptar;
siento en el alma un dolor intenso;
resignarme cada vez me cuesta más;
cincuenta-cincuenta cuanto lo deseo,
porque no sé cuánto más podré soportar.

Muerdo mis dientes al pretender
estar bien cuando me has "perdonado";
tengo en claro, que sin duda te amo,
pero algo en mí se empieza a romper.

Pero después me invade un miedo...

111088

La Última Profecía

Detrás de un arcoíris de platino,
duerme el último unicornio;
siete sirenas le arrullan,
le protegen del letal ozono.

Y allá en la última gruta,
alguien no cesa de llorar;
¡pobre madre Naturaleza!,
¡pobre aire, pobre tierra, pobre mar!

El Unicornio tu último aliento,
por eso lo ocultas de esas hienas;
maquinas vomitadoras de muerte,
lo buscan a "el" y a tus sirenas.

Monstruos metálicos vomitando plomo,
y yo no te puedo defender;
hienas embravecidas le buscan sin reposo,
y yo nada puedo hacer;
las confunde la luna con su arpa de oro;
más cerca cada vez;
la paloma blanca atacada por cuervos furiosos,
es la señal, dieron con "el".

Morirán siete sirenas, siete mares,
termina la vida y muere la tierra;
el Unicornio es sacrificado,
y de tristeza... mueres tu Naturaleza.

111288

¿Tú También?

Desde mi inhóspita cruel prisión,
donde vivir es un tormento;
deseo y necesito gritarte amor,
lo que trastorna mis momentos.

Fuiste para mí una primavera,
pero como tal, tuviste un fin;
no fuiste sueño, sé fuiste verdadera,
pues te juro que aún te siento aquí.

Creí que para amar no hay medida,
será por eso que te di lo mejor;
hoy te extraño de manera obsesiva,
no es mi culpa, me falló el corazón.

A veces intento
levantarme y salir
a convencerme que sigo con vida;
pero al regreso
me vuelvo a morir,
es que no he podido sacar esta espina.

Sin misericordia avanzan las horas,
desconozco el sueño y te sueño despierto;
¿qué te pasa guitarra, por qué lloras?
¿tú también sientes lo que yo siento?

A veces intento...

111388

"El" La Espera

Un nombre inolvidable,
lleva escrito en las nieves eternas
que le han cubierto el alma;
no se queja, solo calla.

Para "ella" fue un capricho,
fingirle amor que no existiera;
"el" se engaña, que "ella" le ama,
y no acepta que "ella" es mala.

Por sus venas corre hielo de desengaño,
que descompuso su corazón oxidado;
ojos tristes, le tiemblan las manos,
su cerebro abatido y paralizado.

Sea de noche o de día,
tenga hambre o tenga frio, la espera;
y en su mente "el" la llama,
así sufre el que ama.

Cada amanecer se levanta,
hace café y en una silla vieja;
en la ventana como cada mañana,
la espera, la llama y la extraña.

Sus venas llevan...

111488

Así Fue

Te conocí hace poco,
en una clase nocturna de inglés,
busqué tu amistad un poco nervioso;
ya vacilábamos tres minutos después.

Tu sencillez y dulzura puro oro,
sin pensarlo de ti me enamoré;
tus labios, tu pelo, tus negros ojos,
en mi mente con placer los grabé.

Mil veces en clase te miraba de reojo,
volteabas, me sonreías, ¿cómo hacer?;
quería invitarte a salir, no sabía "cómo";
más de una vez, besándote me imaginé.

Llegaron los exámenes finales,
yo frustrado porque no podía;
quería ser más que tu "amigo",
pero había "algo" que me detenía.

Se terminó el curso, mi alma se parte,
te tuve tan cerca y hoy te perdía;
me das un "sobre", te vas, te miro,
"¡carta de amor"! creí lleno de alegría.

La guardé, no la abrí, esperé estar solo,
a casa llegué, cené, me acosté;
la abrí, de inmediato supe... ¡fui un tonto!,
era una invitación a tu boda... así fue.

111588

El Emisario

Con un corazón de acero
me enviaron a esta tierra;
con negras y blancas palabras,
y fuego acelerado en las venas.

Poesía y libertad son mi esencia,
y mi otra cara es rebeldía;
conquistar amor es mi misión,
del bien y del mal soy geometría.

Dos mil años
son mi experiencia;
agua, aire, fuego, tierra
combinados;
este siglo manchó
mi inocencia;
y de un sueño paradójico,
me hizo esclavo.

Soy luz que parte la oscuridad,
un suspiro que rompe el silencio;
soy historia imposible de contar,
un poema que arrulla tus sueños.

Dos mil años...

111588

La Prueba

Otra mala noticia llega hoy,
ayer, cien más recibí;
pareciera que un eterno ciclón,
me ha tocado vivir.

No creo en la mala suerte,
reúso creer en algo así;
admito que cuando caigo,
a veces quisiera quedarme allí.

Cierto que me desespero,
y busco una salida con frenesí;
más nunca de rodillas,
del suelo a pie hasta el fin.

Desconozco la derrota total,
pero he aprendido a perder;
la desgracia no me derrota,
mi corazón voy a endurecer;
los errores haré experiencias
y las penas sobreviviré;
vendrán más días de nubes negras,
más jamás, nunca me rendiré.

Otro golpe de la vida,
nunca dejan de herir;
pone a prueba la esperanza,
pero llegaré no me importa sufrir.

Desconozco la derrota total...

111588

Sin Duda Alguna

Decirte que te amo
más que a mi vida,
sería mentir;
pues te amo más todavía.

Decirte que tú eres
mi hermoso destino,
sería mentir;
pues te vivo hoy mismo.

Y si por alguna razón tuvieras que irte,
jamás te detendría, si esa es tu voluntad;
tú mereces ser feliz y a mi lado eres libre,
porque así debe ser, porque así te sé amar.

Decirte que te necesito
más que al propio aire,
sería mentir;
pues oxigeno eres, vital parte.

Decirte que te guardo
lo mejor de mi ser,
sería mentir;
lo estoy dando, esperar... es perder.

Y si por alguna razón...

111688

Cuando Cae La Noche

De zumbidos enloquecedores,
mi cabeza siente estallar;
de pronto sé que voy a morir
y escribo algo que debo confesar.

La vela se termina,
pronto todo será oscuridad;
espero aún tener tiempo,
para escribir, luego rezar.

Aprisa busco una pluma,
un cuaderno en la mesa de centro;
siento mi sangre subir de la raíz
y a través de cada cabello.

Una gota de sangre llega a su fin,
cae y se estrella en el papel blanco;
luego otra y así mil más,
ver a través de ellas me cuesta trabajo.

Mi sangre inunda el papel,
se revuelve con palabras desesperadas
imágenes presentes de toda mi vida,
a "firmar" mis letras acuden mis lágrimas.

Segundos después, todo termina,
mi cabeza hace su última reverencia;
mis ojos se cierran al sueño eterno,
la muerte me abraza, se apaga la vela.

El cuarto se llena de sombras
y el que dormía es despertado;
aquella fue solo otra pesadilla,
a sueños como este, estoy condenado.

111688

Quimera

El aullido de las sirenas
rompiendo el silencio nocturno;
las horas se congelan
en brutal separación de mundos.

Tres luces incompatibles
seguidas por otras dos;
por senderos de arrecife
no todo amor es amor.

Besos con aliento salvaje,
palabras socialmente prohibidas;
manos que acarician encaje,
estatuas blancas derretidas.

Secas rosas ya sin pétalos,
notas arrancadas de una espina;
ciego en el laberinto de Dédalo,
mentiras que vagan sobre vías.

Una carta jamás escrita,
como una oración prisionera;
resbala una lágrima marchita
para quien vive de quimeras.

Besos con aliento salvaje...

111788

Sin Justificación

Una grieta, luego otra
por cada ardiente gota;
que lloraste por mi error,
se despedaza mi corazón.

Como roja ardiente lava
tu llanto oprime mi alma;
tus ojos tristes revelan tu dolor,
mirarte así, me siento el peor.

Disculpa, sé que no sirve de nada,
lo hice sin pensar, te juro sin intención;
quiero decir más pero no salen palabras,
busco y no encuentro consolación.

Verte así es tan difícil,
en penoso momento de crisis;
trato y me traiciona la voz
y en mi mente te pido perdón.

Tus manos sostengo en las mías,
que diera por devolver tu alegría;
por ahora olvido la justificación,
te aseguro nunca más te fallaré amor.

Disculpa, sé que no sirve de nada...

111888

Culpa De Nadie

Eres una chica maravillosa,
pues eres imperfecta;
tienes tus propios principios
y pones tus propias reglas.

Igual que yo eres fuerte,
libre, fiel y buena amante;
tratas de ser mejor,
sin duda inspiración abundante.

Todo está perfecto en cuanto a ti,
pero nuestra relación camina,
en diferente dirección; algo así
como la autopista dividida de la vida.

Tienes sueños afines a mí
y no puedo reprocharte nada;
todo esto es obra del destino,
son nuestras almas un crucigrama.

Te amo tanto y sin embargo,
debo hablarte de todo esto;
temo que nos destruirá,
esta inevitable bomba de tiempo.

III888

Duras Palabras

No es difícil ver en la oscuridad,
cuando en ella
se ha vivido siempre;
tampoco odiar y mentir,
cuando a "eso"
te ha enseñado la gente.

No es difícil hablar de muerte,
cuando toda la vida
has "dormido" con "ella";
tampoco decir aquello
que a todos
a "callar" les enseñan.

Soy deshecho que tiró la vida,
soy el hijo bastardo de la luna,
soy oscuro laberinto sin salida,
soy la más triste canción de cuna.

No es difícil vivir entre las ratas,
cuando como tal
se te ha tratado;
tampoco tragar fuego,
cuando con espinas
te han alimentado.

Soy deshecho que tiro la vida...

111888

Metamorfosis

Mi danza es el viento,
arte invisible;
promesa de hielo,
murmullo inaudible.

El alma me estalla
en ríos de sonido;
pared y espada
me sirven de nido.

Mis pasos acarician,
aire puro;
como mudas rimas
en terciopelo oscuro.

Ella no me ve, me escucha,
no me habla, solo me quiere;
silencio, inspiración, ternura,
que a lo lejos, mis pasos sostiene.

Eslabones de oro puro,
principio y fin;
de aquel minuto oscuro,
en el cual caí.

Mi danza es misteriosa
luna nueva;
una vida impetuosa,
cintila... como estrella.

Ella no me ve, me escucha...

111988

Momentos Para Siempre

Cruzaba yo la calle,
atento pasaba entre gente;
iba tarde, llevaba prisa,
un choque de repente;
distraídos, lo normal,
disculpas mutuas, ¡detente!;
en una fracción de segundo
"ella" robó corazón y mente.

Yo me quedé allí,
su mirada cual delincuente;
robó algo de mí, seguro
estoy que fue para siempre;
sus ojos penetraron mi alma
sin resistencia, delicadamente;
¿quién era "ella"?, ¿por qué?;
reaccioné, corrí entre la gente.

No supe "porqué" corrí a buscarle,
no tenía idea de la razón que me movía;
angustiado la busqué, no la encontré,
y regresé al mismo lugar por varios días;
nunca estuve seguro de que iba a hacer
si de repente entre la gente la encontraría.

Estés donde estés,
aquí estás en mi mente;
nunca sabré tu nombre,
ni si quiera quien eres;
nunca olvidaré el momento,
que entraste de manera inminente;
al fondo de mi alma,
en un segundo... para siempre.

112088

El Faraón

Apenas ayer...

Cien mil esclavos
lloraron mi partida;
de oro me colmaron,
honrando así mi vida.

Tumba piramidal,
digna a mi dinastía;
portento triangular
para un rey que ya dormía.

Más un día el hombre,
profanó mi privacía;
descifró mis laberintos,
desafío la profecía.

Fui secuestrado, robado,
y llevado a un país ajeno;
Keops III me han llamado,
tras encerrarme en un museo.

La polución me maltrata,
fingiendo dormir, los vigilo;
pronta esta la hora
en que se cumpla lo dicho;
entonces brillará la historia,
sabrán del misterio Egipcio.

112088

Obsesión

Como agua fría clara
que poco a poco perfora la roca;
así estas entrando en mí,
sin piedad, permiso, sin misericordia.

Empiezas a ser enfermedad,
necesaria, quizá mortal, pero vital;
le estas dando sentido
a mi vida, mujer de atracción fatal.

Sin siquiera estar presente
haces mis sueños de pasión estallar;
has tomado control de mi mente,
solo en ti consigo pensar.

Obsesión, miradas que enamoran,
obsesión, piel que sin tocar quema,
obsesión, sonrisa esclavizadora,
obsesión, te estás volviendo nena.

Te extraño apenas te vas
y una foto no me basta para llenar
la falta que me haces,
es igual que comer, dormir, respirar.

Obsesión, miradas que enamoran...

112188

Entre Tú y Yo

La playa se extiende eterna
al nacer del romanticismo;
infinito como granos de arena,
palabras ancladas al abismo.

Un toque de ternura plena,
exclusivo de la punta de tus dedos;
un suspiro en luna llena
que descubrirá todos tus secretos.

Deja de castigar tu piel
con trajes largos bajo el sol;
no evites esa ardiente bala,
deja que toque tu corazón.

Una luz ultravioleta te envuelve,
bella danza de elementos;
es una forma de vida diferente,
promesa que libera esos momentos.

Letras que no pueden hablar
con la elocuencia de tus ojos;
una noche eterna para amar,
cada rincón de tu cuerpo conozco.

Deja de castigar tu piel...

112188

La Perla

Tras la zona crepuscular,
donde los buzos de la Vía Láctea
no se atreven a entrar;
allí justo en ese lugar
se eclipsan la luna y el sol
en exacta y fugaz unión.

Doce constelaciones que al girar
marcan la hora de los gigantes;
cristales de Helio alimentan
las almas de los viejos profetas;
corazones de gases incandescentes,
guerreros de ojos fluorescentes.

Guardianes de mi universo,
esférica energía del cosmos;
amantes del fin de los tiempos,
infinita e incierta ley de los polos.

Cuatro serpientes de asteroides
marcando con furia la ruta estelar;
oscuridad sin par, sin límite,
sostiene estas gemas para que inicien
la danza más lenta y perfecta;
en torno a la perla, en torno a mi tierra.

Guardianes del universo...

112288

Tierras Vírgenes

Arden las pequeñas colinas,
en brotes
de doradas esperanzas;
más abajo está el valle,
naturaleza
en suave danza.

Geografía perdida entre selva,
donde
acelerado es el palpitar;
suspiros de satín que inútilmente,
aquella mariposa
trata de ocultar.

Desde esa inicial primavera,
dieciocho más han pasado;
prudente y necesaria espera,
para despertar, momento exacto.

Al otro lado reboza el rio
en dos promesas,
blancos capullos;
y allá en orgia de aroma y sonido,
despertará esa tierra
en suaves murmullos.

Desde esa inicial primavera...

112288

Champagne

Cena a luz de velas,
con música
de violín;
heliotropos en florero,
romance de casimir
y satín.

En el más discreto rincón,
lugar acogedor
y pequeño;
azul y rosa se aman,
ya compartiéndose
sueños.

Amor y champagne,
susurros y besos discretos;
la luna de plata vestirá,
a "ella" le encantan los secretos;
miradas que nadie entenderá,
es intimidad de sentimientos;
corbata y vestido caerán
al final de aquel silencio.

Cena a luz de velas,
codorniz, ancas,
caviar;
pretextos, puros pretextos,
lo importante
es el champagne.

112288

Decisiones

Los pensamientos son:
blancos o negros,
lo nuestro:
¿amor o un juego?;
las palabras son:
huecas o elocuentes,
lo nuestro:
¿sensato o imprudente?

La vida es:
sencilla o complicada,
lo nuestro:
¿romance o novatada?;
los momentos son:
ardientes o helados,
lo nuestro:
¿sincero o interesado?

La decisión es nuestra,
hacerlo bien o hacerlo mal;
escucha, por favor piensa,
¿inspiración o mediocridad?

Las caricias son:
entrega o hipocresía,
lo nuestro:
¿sinceridad o mentira?;
la música es:
poema o basura,
lo nuestro:
¿indiferencia o ternura?

La decisión es nuestra...

112388

Por Ser Así

Así te quiero, impredecible
como una tormenta;
tímida, pero dispuesta
al juego de las ideas.

Así te quiero, fascinante
cual expedición;
inteligente, prudente, sin perder
tu buen humor.

Por ser así
ya eres más que nadie en mi vida;
y estoy aquí
respondiendo con entrega desmedida.

Así te quiero, misteriosa
cual fondo marino;
segura como para pedir amor
cuando sientes frio.

Así te quiero, traviesa
cual mariposa;
valiente al hablar
de las difíciles cosas.

Por ser así...

112388

Sin Mesura

La primera carta, la última palabra,
un pequeño tributo al sabor de tu boca;
Roma ardiendo,
en besos a solas.

El primer segundo del último minuto,
rasguños de una noche de pasión;
mar embravecido,
seda de una flor.

Rascacielos que son solo polvo,
ante un ciclón de juventud;
senderos invadidos por los lobos
que huirán al paso de la luz.

La primera mirada, la última lágrima,
avalancha inmensa de dulces recuerdos;
tierra húmeda,
hoguera de fuego.

El primer engaño, el último suspiro,
combate entre una espada y una espina;
siete mares,
cuatro esquinas.

Rascacielos que son solo polvo...

112488

Eso No Se Piensa

El amor es instinto
sin ninguna voluntad;
no descuides el corazón,
te lo pueden robar.

La pasión es huracán,
que sin aviso llega;
no juegues con fuego,
si no quieres consecuencias.

Estas cosas no se piensan,
se sienten, negarlas es cegarte,
es tratar de mirar directamente al sol;
los caprichos del alma, nadie
puede resistirlos, no hay control;
negarlo es ver el fondo del mar y tirarte
con manos y pies atados,
es no aceptar que amar es liberarte.

La ilusión es muralla
para el que es egoísta;
no raciones el querer,
no, mientras exista.

El fingir es un espejo
de un destino al mañana;
no te engañes nunca,
si no estás enamorada.

Estas cosas no se piensan...

112588

Promesa # 5

(*) Aclaración: Las partes iniciales de cada verso fueron tomadas de la oración del "Padre Nuestro".

* Padre nuestro
que estas en los cielos;
toma mi mano,
hazme tu siervo.

* Santificado
sea tu nombre;
de piedad eterna,
para el débil hombre.

* Hágase tu voluntad
así en el cielo, como en la tierra
la cual yo sé Señor,
jamás ha sido la nefasta guerra.

* Y perdónanos
nuestras ofensas;
somos carne,
pan de fieras.

* No nos dejes
caer en tentación;
ciérranos los ojos,
frente a la perdición.

* Más líbranos
de todo mal;
o el libre albedrio,
nos destruirá.

* Hágase tu voluntad...

112688

El hombre Del Corazón De Hielo

Le hablan de amor
a todas horas, en todas partes;
incluso la televisión,
le recita imagines de romance.

Así vive imperturbable,
le da igual beso o bofetada;
en su mente el sentimiento
es solo imagen fatua deformada.

"El" nunca podrá querer a nadie,
no entiende, no sabe,
todos le creen "muerto",
por eso se burlan y le llaman:
"el hombre del corazón de hielo",
no pueden culparle por eso,
no por tener el corazón de hielo.

El frio de su mirada,
desconcierta a la paloma rosa;
no está amargado,
simplemente no sabe de esas cosas.

"El" nunca podrá querer a nadie...

112688

Fabulas Americanas # 1

Este era un pollito
reventado y loquito;
vergüenza del gallinero
pues era rocanrolero.

De noche le cantaba
a su ratoncita blanca;
le llevaba trocitos de queso
a cambio de ardientes besos.

Más el gato del vecindario
puso fin al romance divino;
pollo y ratona sirvieron
de cena la hambriento minino.

Tras el "atraco", se durmió el gato,
olvidando al perro marrullero;
que tras zarandearlo como trapo,
colgó su salea en casa cual trofeo.

Ahí les va la moraleja,
¿la toman o la dejan?;
"nunca nada queda impune
y eso que nadie lo dude".

Tras el "atraco", se durmió el gato...

112888

Cuarto Blanco

Me deprime y enferma
este enorme edificio;
y odio esta pequeña
habitación sin resquicio.

¿Por qué siempre esta camisa?,
¿por qué siempre manos atadas?;
no puedo atrapar mi enfermera,
en mi celda con paredes acojinadas.

Muchas veces me violento,
grito, lloro y no quiero comer;
les imploro mi libertad
o pronto voy a enloquecer.

Me tienen aquí contra mi voluntad,
solo porque siempre dije todo tal cual;
odio la hipocresía y repudio la falsedad,
dicen que "eso" es un desorden mental.

Yo sé que no estoy enfermo,
pues no entiendo a los otros locos;
y si hablo con Dios en mi encierro,
es normal estando tan solo.

Me tienen aquí contra mi voluntad...

112988

Incomprensión

Una risa metálica
revienta mi cabeza;
y oprime mi alma
tan paradójica escena.

Sus ojos hacen pedazos
mi amada luna azul;
es injusto lo que haces,
no merezco tal ingratitud.

Soy solo un hombre, no más,
yo no puedo cambiar el mundo;
tú quieres que haga tu voluntad,
¡más yo te juro, lo que poseo es tuyo!;
como lastima tu incomprensión,
como una espina en el corazón.

Un suspiro explosivo
detiene toda mi vida;
no aplastes ese globo
o el aire buscará salida.

Una caricia de fuego
esclaviza mis principios;
y arrastra mi sombra
con inútiles sacrificios.

113088

Alcanzando Destino

Mirando siempre adelante,
anticipando cada jugada;
estoy hambriento de experiencia
que fortalezca mi casta.

Estoy preparando mi vida
en una carrera al futuro;
lo hago por mí, luego por ti,
esfuerzo y fe son mi escudo.

En el amor y en la vida,
estoy buscando un destino;
en un laberinto de puertas,
la que no abre, la derribo.

Hay un millón de salidas,
pero una sola entrada;
no me asusta todo esto,
sé esperar, sé buscarla.

Me entrego haciendo mi parte,
lo demás solo llegará;
el error me trae sabiduría,
acepto que he de tropezar.

En el amor y en la vida...

120288

Un Bicho Raro

Rompes fotos y cartas,
te encierras en tu cuarto;
te "divorcias" del teléfono,
tu castillo fue derrumbado.

Aventura o no, te duele,
tus lágrimas lo dicen;
todo un ayer, murió hoy,
tiempo de sufrir, victima fuiste.

Primero ilusión, hoy desengaño,
la trágica traición nunca avisa;
hoy sabes que el amor es un bicho raro,
que a veces muerde y causa heridas.

Fin de las palabras dulces,
terminó la luna de miel;
más no sabes vivir sola
y pronto tiras todo ese ayer.

Olvidar será lo más difícil,
aquello aún rasguña y muerde;
lo que de "el" aún quedaba,
se derretirá como la nieve.

120288

Quisiera Supieras

Te hice una promesa
aquel día
de la cual te reíste;
esa noche te lloré
por última vez;
no verte más te juré.

No debiste poner a prueba
la hombría
de quien compartiste desnudez;
de mi te arranqué
de una sola vez,
si fuiste feliz, jamás lo sabré.

Con el alma herida,
seguí la vida,
un sueño en mi te volviste;
apuesto que,
me esperabas volver,
lo siento, no hubo un "porqué".

Aquello es hoy
un capitulo en mi memoria,
del cual no me apeno,
pues algo hubo bueno;
quisiera que oyeras
la íntima historia
de mi gloria y mi infierno;
que sepas... que ya no te quiero.

120388

Decir Sin Hablar

Una noche me habló la luna,
"¿qué necesitas?", me preguntó;
solo un segundo pensé aquello:
"nada, señora, gracias a Dios".

Tengo lo mejor, lo vital,
fe, salud y el amor de "ella";
lo demás, llegará a su tiempo,
solo así valdrá la pena.

Es algo que no todos entienden,
todo se alcanza con empeño;
"ella" lo sabe y es paciente,
comparte y alienta mis sueños.

Déjeme
contarle un secreto,
"ella" es,
lo mejor que he tenido;
"ella" trajo
agua a mi desierto,
"ella" trajo
a mi vida sentido.

"Ella" es pasión fundida en mi piel,
usted enciende nuestras noches de celo;
lo tengo todo como puede ver
"Señora Luna", farol de mi cielo.

120488

¿Tú Que Dices?

Siempre te dediqué
mis triunfos y mis esfuerzos;
nunca imaginé
que llegaría este momento.

Es que los finales
no siempre serán felices;
esto nos hizo madurar,
y eso cuenta, ¿tú que dices?

Prefiero morir por "el",
que no saber del "amor",
prefiero morir de amor,
que no usar el corazón;
prefiero el dolor del corazón,
que vivir sin una razón,
prefiero por esa razón,
por amor, decirte adiós.

Siempre oí al viento
gritarme tu nombre inconsciente;
cuando lo necesité,
en soledad, como aliciente.

Pero los adioses,
llegan sin aviso alguno;
"ella" me lo enseñó,
y esa verdad, no dudo.

Prefiero morir...

120488

El Amor, El Cazador

No importa donde vayas,
ni el lugar donde te escondas,
"el" te alcanzará,
quieras o no quieras;
y te envolverá
de blancas quimeras.

Es inútil que lo ignores,
pues lo llevas en la sangre,
"el" te atrapará,
en redes de ensueño;
y te encadenará
a un sentimiento tierno.

Es la sombra del amor,
la que se alojó en tu cuarto;
te asecha de un rincón,
te cazará a flechazos;
es el perfume del amor,
el que te está enamorando;
y oculto en mi canción,
te envuelve en su encanto.

No puedes seguir la farsa,
tú no naciste para la soledad,
este cazador te abrazará
mientras duermes;
y te enfrentará
con lo que hoy temes.

Es la sombra del amor...

120988

Un Golpe Certero

Hay algo que quiero decirte,
no puede esperar, es el momento;
la sinceridad habla hoy por mí,
revienta mi pecho lo que voy a decir.

Lo nuestro ha sido una gran fantasía,
lo sabíamos y continuamos la mentira;
quizá esperábamos llegara el amor,
sí, creo era por eso, que no decíamos adiós.

Más lo que sucedió, acabo con esto,
sabes bien ese fue un golpe certero;
no debiste aceptar nunca un "tercero",
me arrancaste el corazón y lo tiraste luego.

Ninguna relación resiste esas pruebas
y lo nuestro era un amanecer apenas;
no voy a preguntar: ¿por qué lo hiciste?,
mil palabras no salvan lo que hundiste.

Quizá si hubiese sido otra persona,
"otro", no sé, y Dios mío, de otra forma;
pero hecho esta y no hay remedio,
me duele, no se a ti... es lo de menos.

Más lo que sucedió...

120988

Ver La Luz

Porque ya he sabido
de la amargura de las lágrimas
y del frio de la soledad;
porque ya he vivido
acosado por fatuas animas
que ahuyentaron toda mi paz.

Sombras que envolvieron mi alma
de total indiferencia,
cada noche prisionero
de sueños de euforia entre llamas;
el otro lado de la inocencia
me lleva donde no quiero.

Ponle fin a mi noche eterna,
concédeme un último deseo;
devuélveme mi dignidad,
ponle fin a mis horas de pena;
sácame ya de este agujero
y dame una oportunidad.

Porque ya me fue concedido
un "papel" en el "teatro de sátiras"
sobre la furia del mar;
porque ya he querido
dejar esta vida cruel y rápida,
y así... no volver a pecar.

Ponle fin a mi noche...

120988

Es La Vida

A veces lo más fácil,
se hace difícil;
por ejemplo el aceptar,
por ejemplo el perdonar.

Y lo que está cerca
se aleja más;
por ejemplo el amor,
por ejemplo la amistad.

Es la vida una cuerda floja,
es la vida un circo tan extraño,
es la vida una rosa roja,
el más "sincero" beso "actuado".

A veces todo lo especial,
deja de serlo;
por ejemplo luna llena,
por ejemplo una entrega.

Y lo que traía esperanza
se oscurece;
por ejemplo una promesa,
por ejemplo un poema.

Es la vida...

120988

Noche De Amantes

Cuando el sol descansa
y la ciudad enciende sus ojos
de sus monstruos de concreto;
todo es teatro, nada es cierto.

Cuando la luna viste
su infinito abrigo de estrellas
y los motores callan y duermen;
todo es romance, todo es belleza.

Y los amantes de la noche,
ansían ver el sol caer;
adrenalina enciende pasiones,
la luna ayuda también.

Cuando el sueño se esconde
y las calles se vuelven desiertos;
cualquier rincón, perfecto lugar,
para jugar los íntimos juegos.

Cuando la jungla se acalla
y la pasión se vuelve hoguera;
entre muros la intimidad es llama;
es noche de amantes en luna llena.

Y los amantes de la noche...

120988

Hazlo Simplemente

Me llenas de palabras dulces
adornadas con besos;
tu aliento quema mi oído
y confunde mi cerebro.

En diez idiomas me dices
que me amas con locura;
en la calle, en la escuela,
por teléfono, nena escucha.

Deja de decirlo, hazlo simplemente,
deja de escribirlo, notas incoherentes,
deja de repetirlo, hazlo simplemente,
deja ese espejismo de letras inertes.

Todo el tiempo estás haciendo
lo que el amor real
no necesita: "palabras";
efímeras cual estrella fugaz.

A veces me parece estar
al lado de una grabadora;
ahórrate la saliva, has una pausa
y escúchame ahora.

Deja de decirlo...

120988

Una Nueva Raza

Sé que puedo hablar sin miedo,
seguro que no me arrepentiré;
ya que por mis venas fluye hielo,
admito que toda moral traicionaré.

Ante lo tierno soy indiferente,
nunca he conocido calor de amor;
mi desahogo pasional es el sexo,
pero nada que mueva el corazón.

Soy uno más de esta nueva raza,
última generación del siglo veinte;
la rebeldía reina en mi alma,
modelo de egolatría posiblemente;
falto de temor al mañana,
sigilosa presencia entre normal gente.

Soy un producto de la polución
que vomitaron tantas guerras;
incapaz de alguna sensación,
maldigo la luna y las estrellas.

Quien descubre lo que soy,
con temor, pronto se aleja de mí;
no es sorpresa, es mi reputación,
más no es mi culpa... así nací.

Soy uno más de esta nueva raza...

121088

Para Ginger (II)

Caminas
y el viento se aparta
en reverencia;
sonríes
y las flores arrojan
su esencia.

Hablas
y se hace la paz
entre enemigos;
miras
con ternura que trae
alivio.

Por eso te amo, porque eres fuerte,
porque eres libre, porque tú no mientes,
porque sabes vivir, porque eres paciente,
porque eres noble, porque amas intensamente.

Duermes
y te arrullan cantos
de sirenas;
sueñas
y juegan allá arriba
las estrellas.

Compartes
y los lobos comen
como hermanos;
rezas
y no por ti, pides
paz entre los humanos.

Por eso te amo...

121088

Dolor Sobre Dolor

Una bofetada con la mirada
y una media vuelta
que cimbra mi corazón;
mis palabras mueren
sin haber nacido siquiera,
el fin de otra humillación.

Propicias el encuentro
y en lugares concurridos
maltratas mi corazón;
así se vuelve mi vida,
una cruel y fría condena,
juraría que sin razón.

Duele aceptar que el amor acaba,
pero, ¿quién gobierna el alma?;
algo me mueve a soportarlo,
prefiero sufrir a ser ignorado.

La espina que has clavado,
no es solo desaire,
es dolor sobre dolor;
la verdad es que espero
que la tormenta desvanezca
y vuelva a brillar el sol.

121088

Qué No Te Pase A Ti

Todo este tiempo,
mi sentir se ha dolido;
al no verte, al no poder
pedirte perdón, estoy perdido.

Todo este tiempo
mis ojos te han buscado;
de llorar se han cegado,
el dolor me está acabando.

Todo este tiempo,
he sufrido lo indecible;
¡nadie se imagina, nadie!,
mi castigo por no decirte:

Aquella vez, el error fue mío,
pero así somos de inexpertos;
mi arrepentimiento te busca
y mi vergüenza me sujeta al suelo.

¿A dónde partiste?, ignoro la ruta,
herí tu interior con palabras de fuego;
hasta mi espejo me ha dado la espalda,
tarde entendí... el amor no es un juego.

Todo este tiempo...

121188

Suele Suceder

Cuando estamos dispuestos
a cambiar, a ser mejores,
es tarde y el amor se va;
cuando lastimamos el sentir
de otros sin razón alguna,
su partida nos duele más.

Cuando el mejor amigo
nos falla, esa amistad
se vuelve navaja, buscamos venganza;
cuando todo nos sale mal,
no buscamos motivo, sino pretexto
para excusar nuestras fallas.

Todo esto suele suceder,
es triste decirlo, más, aceptarlo;
todo esto suele suceder,
la vida es un hilo bastante delgado.

Cuando no queremos ver
cierta persona, el destino
no la trae a toda hora;
y cuando necesitamos ayuda,
no hay nadie, nunca cerca,
desaparecen al venir la ola.

Todo esto suele suceder...

121288

La Gran Mentira

Vende lo que puedas
y regala lo que no,
despídete de todos,
lo mismo haré yo;
ponte tu mejor vestido,
aquel blanco que recuerdo,
prepara tus maletas,
nos vamos de este pueblo.

Buscaremos mejor vida,
allá en la gran ciudad,
vivamos la gran mentira,
en el Distrito Federal;
dinero y una casita,
allá no nos faltarán,
en la gran mentira,
en el Distrito Federal.

El Sábado te espero,
tempranito en la estación,
no vayas a ir a misa
o nos deja el camión;
te pones los zapatos bonitos,
aquellos de tacón,
no olvides tus ahorros,
por pura precaución.

Buscaremos mejor vida...

121288

Buscando La Razón

Me preguntas: ¿por qué te amo?,
y busco tu mirada;
no sale palabra de mi boca,
interrogo mi alma.

Amo tus ojos, tus labios
y tú forma de pensar;
amo tu sonrisa, tus manos,
tu manera de hablar.

Amo tus formas, tus temores,
tus pequeñas mentiras;
amo tu fuerza, tu fragilidad,
cómo lloras, cómo suspiras.

Solo pienso
no lo digo;
pues busco
la razón principal.

Amo tu ternura, tu bondad
y tú extraña vanidad;
amo tus pasos, tu nombre
y tu total integridad.

Solo pienso, no lo digo,
pues busco la contestación perfecta;
tú entiendes aquel silencio
y tomas de mis labios... tu respuesta.

121288

Una Aventura

Sé que todo fue para ti
una aventura más;
no para mí, ¿qué puedo decir?,
si te empezaba a amar.

Más eso nunca lo sabrás,
sé callar, sé fingir;
que soy como tú pensarás,
yo sé que no es así.

Una aventura
que acabó como empezó;
una aventura
que seriamente me lastimó.

Una aventura
con un amargo sabor;
una aventura,
otra conquista, fui yo.

Reclamarte sería rogar,
debo callar y seguir;
sé que al final pagarás,
alguien te lo hará a ti.

Lo que duele pensar
es que parecías sincera;
procuro mi herida sanar,
ya pronto estarás fuera.

Una aventura...

121588

No Tengo Un CD

Tres veces he buscado
en mi colección de CDs
que escucho cuando pienso en ti;
y no puedo encontrar una canción
que diga lo que te quiero decir.

Que diga que te voy a cambiar
porque siempre estás engañándome,
con tu crueldad me has atropellado;
y luego te quieres casar conmigo,
pero a los "otros" has invitado.

No encuentro una canción que diga
que te mereces unas nalgadas,
unas patadas al corazón;
que te engañe con tus amigas
para castigar tu vil traición.

Entre todos mis CDs
no encuentro una canción que diga
cuan vampiresa te considero;
pues a mí igual que a los "otros",
nos robas amor, salud y dinero.

No encuentro una canción...

122288

El Príncipe Blanco

El fuerte frio de tu aliento
corta mi piel sutilmente;
y mis dedos se entrelazan
como en oración ferviente.

La lluvia es apenas rumor,
siempre tenue pero constante;
prólogo de las duras tormentas,
que limpian un poco el aire.

Ese frio llega a mis huesos,
aun así, amo este momento;
nunca escupiré una maldición,
contra ti, mi hermano, invierno.

Las noches dominan, los días
se acortan sobre el horizonte;
en una invitación para meditar:
¿en dónde el sol se esconde?

Es la nieve una canción muda,
de paz extraña, pura, infinita;
príncipe blanco de la naturaleza,
cada invierno añoro tu visita.

Ese frio llega...

122288

Trampa Visual

Una caricia de belleza,
bañada de rosácea luz;
luz en papel te capturó,
inmortalizando tu juventud.

Apenas y cubres tu cuerpo
con suaves sedas negras;
las cadenas de tus pechos,
presagian voluptuosa tormenta.

Promesa seductora en tu mirada,
tacones altos, siempre excitantes;
preparada para el juego del amor,
femenina, sensual y desafiante.

Esperando el momento de atacar,
apoyas en el piso tus manos;
las rodillas flexionas al preparar,
aquel deseado y esperado salto.

Cierto misterio te rodea,
y te regala imaginaria vida;
tu mirada me ha atrapado
y enciende voraz mi adrenalina.

Esperando el momento...

122288

Creciendo Un Poco

Una caricia a tiempo
vale más que todo lo que
se pueda decir después;
ya pasado el momento
las mejores cosas serán vacías,
no así lo que oportuno es.

Un beso sin restricciones
llega a ser inmortal
o inolvidable por su sabor;
pacto de grandes decisiones
y de promesa confidencial,
invulnerable a la traición.

Uniendo las puntas de los dedos,
creamos lo infinito, lo invencible;
uniendo la piel de nuestros labios,
creamos lo no escrito, lo imposible.

Una verdad a tiempo,
evitará la nubes negras
de la duda y la desconfianza;
que podrían herir sin tiento
a ambos de cruel manera,
destrozando toda esperanza.

Uniendo las puntas de los dedos...

122288

Página De Un Diario

Un secreto a solas
es que yo te quiero;
claro, tú lo ignoras,
pues lo hago en silencio.

No me falta valor
para todo esto decirte;
pero creo que así es mejor,
quizá pueda herirte.

Mi sentir sabe callar,
es ante todo prudente;
conozco tu situación,
no podría comprometerte.

Eres una gran persona,
algo especial para mí;
dama de escasas horas,
que no haría yo por ti.

Me es suficiente el verte,
hablarte y oírte reír;
son cosas de la suerte
y sin ti tengo que vivir.

122388

Encanto Lunar

Alguien le robó a la luna
un gran pedazo;
corrió con "el" un desierto
y un mar sin descanso.

Llegó donde le esperaba
un solitario pensamiento
que moría por falta de luz;
de las sombras era preso.

Aquella no era más que la lucha
de un hombre por ser mejor;
"el" creyó que trayendo luz al alma,
perecería la maldad innata que heredó.

Aquel trozo de luz lunar,
tocó la flor;
y llenó sus marchitos pétalos
de infinito calor.

Más fue vano aquel intento,
el calor fue demasiado;
estalló el pensamiento, murió el hombre,
nada cambia al humano.

Aquello no era más que la lucha...

122488

Nido De Víboras

Porque la palabra es tan fuerte,
más que la roca, más que el acero;
hoy me he puesto a pensar en ella
cuando es usada como veneno.

Toda mi vida he oído a unos y a otros
opinar y juzgar sin saber la verdad;
no hacen sino crear duros conflictos,
¿por qué la gente habla por hablar?

Yo no creo que exista alguien perfecto,
tampoco que quien habla no tenga un pasado;
quizá no todos erramos del mismo modo,
pero un humano no puede, ni debe juzgarnos.

¿Cómo creer algo que no presenciamos?,
o es que ¿estamos tan cegados de razón?;
las historias que pasan de boca en boca,
son cambiadas y convertidas en terror.

Yo trato de mantenerme lejos de esto,
no creo en los adornos de las leyendas;
yo no te juzgo por lo que otros dicen,
lo hago por lo que haces estando cerca.

122488

Cuando Hay Amor

Todo cuanto me has dado,
aquí está, vivo en mi interior;
esas mañanas de esperanza,
esos sueños, ese amor.

Nunca me sentí más seguro,
ni tan fuerte como a tu lado;
no le temo más a las tormentas,
tengo alguien que imita mis pasos.

Es la unión de la luna y el sol,
mezcla imposible de agua y aceite;
es la unión de la espina y la flor,
mujer y hombre juntos pero independientes.

Mis esfuerzos son inspirados
por tu mirada y tu sonrisa;
bailarina de mis pensamientos,
un puente al final de la cornisa.

Tengo de ti noches blancas infinitas
y ternura en el más apático segundo;
sin miedo al futuro inseguro; te digo:
te amaré, aun cuando reviente el mundo.

Es la unión de la luna y el sol...

122488

Tenochtitlan

Aun cuando la llamada tecnología
caiga sobre tu recuerdo;
tus muros hablarán eternamente,
Tenochtitlan, de tu reino.

Aun cuando la polución atómica
te envuelva en su fantasma;
tus tesoros soportarán en ruinas,
Tenochtitlan, la batalla.

Cuidad del fin de los tiempos,
maravilla de arquitectura y astronomía;
aunque yacen destruidos hoy tus templos,
tu grandeza jamás será discutida.

Aun cuando el monstruo de la ciencia
te devore en falso nombre;
tu leyenda perdurará sobre el ozono,
Tenochtitlan, que mata al hombre.

Aun cuando sigan cayendo los siglos,
sobre tus hijos y tus desiertas calles;
tu belleza nadie podrá borrar,
Tenochtitlan, imperio flotante.

122488

Pasión

Peligrosa como el desierto
es la pasión;
intensa como el centro
de un ciclón.

Es una chispa que se acerca
a la seca hierba;
es un rio que avanza incontenible,
que no tiene reversa.

Pasión no es sinónimo de amor,
la pasión sola, destruye y quema,
la pasión abraza y debilita la carne,
deseosa infidelidad, buscando presa.

Es el oasis del dulce engaño,
ubicuo sentir;
es la balanza de una relación
feliz o infeliz.

Fatua como el azar de lotería,
perfume de fuego;
lujuria que domina la razón
y nos atrapa en su juego.

Pasión no es sinónimo de amor...

122488

El Teatro De La Vida

Con su llanto saludó a este mundo,
los primeros diez años, comunes fueron;
iguales a los de otros niños,
años fatuos, blancos y tiernos.

De los once a los quince,
descubrió que no todo es juego;
supo que era hora de arreglárselas
por sí mismo; comienzo del fuego.

Un actorcete más del teatro de la vida,
se moverá mientras la ciega tijera
no corte sus hilillos de esperanza,
y pueda cumplir su inevitable condena.

Dieciséis, el cruel despertar,
el primer paso hacia el espejismo;
la entrada a la oscura quimera,
pasados los veinte sabrá lo que hizo.

El intermedio, pausa necesaria,
los años devoraron al joven y al niño;
siguiente acto, regresa el fantasma:
el "pasado" cobra los errores cometidos.

Es hora del acto sublime: lágrimas y risas;
amar, procrear, un instante parece durar;
un halo de luz anunciando triunfo en la vida,
pero la muerte baja el telón, sin avisar.

Un actorcete más...

122588

Promesa # 6

Una vez más Señor,
me arrodillo, gracias te doy;
en silencio, a mi manera,
desde el fondo de mi corazón.

Sé que siempre pido,
aunque nunca nada doy;
conozco tu hermosa piedad
y tú presencia Señor, a mí alrededor.

Misericordia suplico Señor,
para este hijo que es pecador;
¡gloria a tu nombre por darme,
techo, pan y bendición!

Mi fe en ti es toda mi vida,
es fuerza, amor, promesa;
Señor perdona mi pasado,
una oportunidad tu siervo ruega,
¡la necesito!, ¡te la suplico!

Una vez más Señor,
me arrodillo y gracias te doy;
en voz alta, revienta mi alma,
¡en alabanza a ti mi Dios!

Mi fe en ti es toda mi vida...

013089

Sola Tras La tempestad

Sales de prisa nena,
siempre insultando el reloj;
el frio te abraza, esperas
el gran día; la llegada del amor.

Perfume, tacones, aretes
y sombras que irritan tus ojos;
rogando que te cambie la suerte,
vives alerta entre los lobos.

La huella de aquel amor doloroso,
te hizo pedazos un tiempo;
sientes que hoy, ya puedes amar a otro,
pero no llega ese momento.

Te angustia el futuro incierto
y de noche te deprime tu soledad;
te desespera acostarte sin sueño,
sin nadie aún en quien pensar.

El ser coqueta es un dilema,
puede funcionar, sino a sufrir;
esa incertidumbre lastima y quema,
amanece, y a buscar amor vas a salir.

La huella de aquel amor...

021489

La Esperanza

Casi ha amanecido,
las estrellas desaparecen,
el sueño te ha vencido;
y esa calma me pertenece,
valió la pena el sacrificio,
eso nos ha hecho más fuertes.

Siempre te he querido,
desde aún antes de conocerte,
las tormentas que hemos resistido;
están fraguadas en mi mente,
no como penas, como triunfos,
ya no más miedo a perderte.

Y si por alguna razón,
Dios me aparta de tu lado;
ya te dejé mi corazón,
sé que sabrás guardarlo.

Duerme flor, yo vigilo,
he aprendido a ser paciente,
esperaré que las aves con sus trinos;
abran tus ojos transparentes,
esperaré que la luz del infinito,
con lenta ternura... te despierte.

Y si por alguna razón...

021689

Misericordia

No es justo
que los errores
no se paguen equitativamente;
pues ahí quien
erra mil veces
sin ser castigado absolutamente.

No es justo
que al arrepentido
no se le dé otra oportunidad;
¡misericordia
pido para mí,
yo prometo no volver a fallar!

¡Permítanme demostrar que puedo,
porque de culpa estoy muriendo!;
¡permítanme intentar de nuevo,
me es urgente cambiar mi sendero!

No es justo
que una falta
se castigue de tan cruel manera;
¡clemencia
ruego para mí,
prometo lavar aquello que me condena!

¡Permítanme...

021689

La Apuesta

A veces con mis amigos, compartía unas cervezas,
en periodos libres, detrás de la prepa;
hablaban de una chica que era parte del grupo,
una chica buena, tímida y esclava del estudio.

Discutían los fracasos de quienes la pretendían,
yo solo escuchaba, a mí no me concernía;
de pronto así de la nada, uno de ellos sugirió,
una tonta apuesta que sin querer me arrastró.

Un reto a robarle un beso, antes que terminaran las clases,
así comenzó el tonto juego que lamentaría más tarde;
¿cómo me dejé convencer?, mi chica en clase estaba,
"ellos" ofrecieron distraerla, mientras yo cometía la canallada.

"Ella" salió de clase, me acerqué, la saludé,
le pedí un momento y en una banca la senté,
"ella" preocupada por mí, no dudo darme su atención,
le inventé una gran mentira, de problemas en mi relación.

Le mentí que por "ella", terminé con mi chica,
que no podía callar más, la sucia patraña típica;
no me creyó, pero insistí, al final cayó, un beso al "ego",
hora de abrir los ojos, mi chica supo del juego.

Perdí una buena amiga, lastimé a la mujer que amaba,
y herí a otra que no lo merecía, arriesgué todo... por nada.

021989

Esperando

Esperando tu carta,
se me oscurece la vida;
me pienso mil cosas,
es una espera infinita.

No hago otra cosa que
esperar en letras tu voz;
maldigo la insensata distancia,
que nos separa hoy a los dos.

Me empiezo a rodear
de sombras fantasiosas;
fantasmas que atormentan
tu recuerdo, nuestra historia.

La locura
me sigue a donde voy,
me he enfermado
de tanta soledad;
a lo lejos
por ti muriendo estoy;
¿amor
me has olvidado de verdad?

Qué triste es reconocer,
que no soy fuerte como creí;
mi vida depende de un papel
que tú no mandas, dedicado a mí.

La locura...

021989

No Me Haces Falta

No me eres indispensable,
bien lo sabes;
te puedo tomar o guardar,
luego tirar las llaves.

Te amo de manera especial,
como el lobo a la luna;
¡desengáñate, no soy tuyo!,
loca canción de cuna.

¡Déjame en paz "soledad"!,
es tiempo que de mis noches te alejes;
de que busques otro lugar,
serás mía, cuando yo quiera y lo desee.

No puedes adueñarte de mí,
pequeña mentirosilla;
espera que yo te llame,
hazlo como buena niña.

Te amo cuando el reloj detiene
su paso demoledor;
abre los ojos, la noche se ha ido,
no insistas en quedarte hoy.

¡Déjame en paz "soledad"!...

030789

Te Has Ido

Te has ido,
de eso no hay duda;
del tiempo
ha sido la culpa.

Me lo dice
mi barba crecida;
el espejo
madurez me recita.

Mis juguetes viejos,
se han vuelto responsabilidades;
mi pensar cambió,
mis ideas y mis debilidades.

Te has ido,
en un corto suspiro;
¿dónde se iría?,
aquel cuándo yo niño.

Un poco,
el pensar dolería;
de otra manera,
melancolía no sería.

Mis juguetes viejos...

030789

Contra Mi Mismo

Quizá tú seas
más aceptado por callado;
pero tú no eres libre
como yo, debes aceptarlo.

Quizá tú seas
inmune al paso del tiempo;
pero tú no "vives"
como yo, que "todo" siento.

Quizá tú seas
a quien a veces envidio;
porque no sufres,
porque "sentir" tienes prohibido.

Tú eres un momento capturado
que nunca sufrirá y jamás pecará;
más yo poseo sin embargo
el don de amar, pensar y errar.

Quizá tú eres
como quisiera verme siempre;
más nunca una foto podrá,
mover un dedo por más que intentes.

022089

Desátame

Siempre quise ser bueno,
lo intenté;
fallé como fallamos todos,
perdón rogué.

Sentí entonces el frio aliento
de la muerte;
lloré y supliqué que cambiases
mi mala suerte.

Entonces alcé mi ruego
y pedí misericordia;
lloré como nunca en silencio
arrepentido de mí historia.

¡Estoy muriendo,
apiádate de mí, quiero ser mejor!;
¡no quiero estar solo,
desátame, procuraré ser bueno, Señor!

Supe lo que es sufrir
en total soledad;
mi vida se derretía,
como hielo de un glacial.

032189

Tonto Juego

Me voy,
ya me cansé de jugar,
ese tonto juego;
que tú
has iniciado sin pensar;
peligroso como el fuego.

No más,
inútiles buenas actuaciones
para este romance de papel;
date cuenta,
tienen hambre los leones,
presos en el reloj en la pared.

No quiero vivir más esta comedia,
no quiero seguir tirado al suelo,
no quiero cerrar mi única puerta,
no quiero ya jugar tu tonto juego.

¡No estoy
para ti, no vuelvas a llamar!,
pues hoy dudo de ti;
no sé
si me mientes sin pensar
o la mentira te hace feliz.

No quiero ser parte...

040489

Acto Sensual

No detengas
la ruta que lleva mi mano
sobre la autopista de tu piel;
despertando
el ubicuo ardor de verano
vuelto fuego, deseo y miel.

No mantengas
cerrada la entrada al castillo
pues el tiempo no sabe tocar;
abre la puerta,
comprueba, que no somos niños,
no dudes, es tiempo de amar.

Es un volcán de pasión
fluyendo entre nosotros;
la sangre se vuelve lava
y el amor estalla en los poros.

No te detengas
inevitablemente tiene que pasar;
el vuelo de una mariposa,
será atrapado
solo cuando te dejes amar;
y eso... ¡no es cualquier cosa!

Es un volcán de pasión...

040589

Pregúntame

Pregúntame
de lo que siento por ti,
¡hazlo
ahora que aún es tiempo!;
no sé cómo llegamos a esto,
es difícil la situación,
lo es también, la solución.

Pregúntame
de lo que soy capaz por ti,
¡hazlo
te asombrará el oírme!;
hablar de amor tan firme,
la situación es delicada,
pero es vital darle la cara.

Si aún tienes que escoger
entre "otro" y yo;
escúchame antes de que
tomes tu decisión.

Pregúntame
de lo que haría por ti,
¡hazlo
no tienes nada que perder!;
y sí mucho que saber,
yo te mostraré el alma,
en esta desesperada charla.

Si aún tienes que escoger...

040789

No Es Mi Deseo

No quiero irme,
no quiero hacerlo
y cada momento
estoy más cerca
de aquella puerta;
de la temida salida
hacia otra vida
o dicho más fuerte:
hacia la muerte.

¡No quiero dejarte sol!,
¡no quiero dejarte luna!;
¡amo demasiado este mundo!,
¡amo esta vida dura!

No quiero dormir
el eterno sueño,
ese viaje inevitable;
aún no estoy listo
para olvidar que existo;
no cortes mis alas,
no apagues la luz de mis ojos;
hoy sé lo que quiero
y no es mi deseo;
¡morir aún no puedo!

041289

Cuento Corto

"Ella" construyó un palacio
en la cima
de una blanca y pequeña montaña;
perfecta la morada,
sin salida,
sin entrada;
para el hombre que "ella" amaba,
por el cual vivía encerrada.

Tras la efímera primavera,
vinieron días
de gris incertidumbre y duda;
¿para qué conservarte pura?,
¿para un dragón?,
¡escapa mejor!;
o morirás presa de una ilusión
en tu "alcatraz" sobre un cascaron.

"Ella" eres tú,
el castillo tu ensoñación,
un huevo tu montaña,
lo demás no tiene aún conclusión;
ya que no sé si soy el príncipe.
o el malvado dragón.

041689

Nada

Todo por nada,
mi esfuerzo por ganarte;
tonta carrera
de un ciego a ninguna parte.

Todo por nada,
te dejé urgir en mi interior;
un ave perece
al cielo envenenado de smog.

Nada después de todo,
matar la almeja por una perla;
el todo se volvió nada,
cortar una flor solo para olerla.

Todo por nada,
abrir las puertas del pasado;
y enseñarte el alma,
pero no para ser juzgado.

Todo por nada,
cerrar los ojos al mundo;
y vivir para ti
sin límite, ni temor alguno.

Nada después de todo...

042189

Sendas De Amor

Sendas de amor
que vueltas tallos de rosas,
espinarán mi corazón,
en mi más esperada tormenta;
la pasión en gotas,
que siento, se incrementa.

Sendas de amor,
que vueltas eternas cadenas,
atarán mi corazón,
a aquella mi añorada tortura;
que a diario me despierta
y me confiesa ante la luna.

Mí ansiado y temido sueño,
ya estás a la vista;
ino te evitaré blanco anhelo,
aunque me acabes la vida!

Sendas de amor,
que vueltas afiladas navajas,
herirán mi corazón,
al entrar en sus dominios;
más crecerán mis alas
en tu ubicuo precipicio.

Mi ansiado y temido sueño...

062689

Acércate

Acércate a mí
sin ocultar tu imperfección;
no te juzgaré,
para eso, yo nadie soy.

Acércate así,
siendo tú misma, sincera;
pues esa es semilla
de amistad grande y verdadera.

Acércate aquí,
con disposición a intentar;
poco a poco,
yo no te voy a presionar.

Acércate, no abusaré que estas vulnerable,
sé que necesitas de apoyo;
acércate, desahógate, puedes confiarme,
aquí no atacarán los lobos.

Acércate aquí,
sabrás que no escondo el alma
tras un antifaz
de hipocresía y felicidad falsa.

Acércate, no abusare...

060789

Guerra Secreta

Una estrella fugaz murió
al final de un sendero oscuro;
el único mortal testigo fui yo,
extraño el silencio absoluto;
desde mi ventana, luz apagada,
pude ver la luna volverse sangre;
un sudor frio recorrió mi espalda,
lo que escuché no muy distante,
el trueno de mil caballos galopando,
finalmente veo sus oscuras siluetas;
negros fantasmas furiosos desbocados,
lo curioso, no hacen polvo, flotan por la vereda.

¡La buscan a "ella", buscan la estrella!,
maravilloso evento que sin querer presencié;
otra "esperanza" que cayó a la tierra,
ahora, un millón de estrellas observo caer.

La estrella fugaz donde un niño ha llegado,
las sombras afuera buscando un resquicio;
"el" bajo su almohada, sigiloso la ha ocultado,
y envía su unicornio de trapo como "sacrificio".

Los unicornios saben cuál es su misión
donde las estrellas le esperan "el" debe llegar;
cumpliendo así, trae a las sombras en persecución,
las lleva donde una infinita luz, al mal aniquilará;
las sombras burladas tras el unicornio, este apresura
y el mar se congela en señal para las estrellas;
el unicornio detiene su carrera, las sombras aúllan
saben que es el fin, el unicornio morirá con ellas;
un rayo con el poder de mil soles, pone fin al mal;
paralizado y mudo observé esa guerra secreta;
una plegaria sube, una esperanza baja como estrella fugaz;
así es como el mal sucumbe ante el bien en lucha eterna.

062189

Una Lejana Esperanza

El quirófano de un hospital,
experimento "Alfa", sección dos;
ruego no encienda esa luz roja,
sobre la puerta de mi habitación.

Mi enfermera me ha contado,
que la polución me envenenó;
por eso mis órganos han cambiado,
por una maquina como un reloj.

Soy la esperanza
de un mundo agonizando;
una locura:
fusión de máquina y humano.

Si vivo, nadie morirá mañana
y la ciencia se cubrirá de gloria;
si muero, ocultarán el hecho,
pues "errores" no cuenta la historia.

¡Algo imprevisto ha sucedido!,
dentro de mi "algo" falló;
una lejana esperanza muere,
cuando aquella luz roja... se encendió.

071089

Fémina

He oído tantas historias
de ti, no sé qué pensar;
oí de tu belleza y poder
y del peligro de tu mirar.

Creo que te conozco y que
te amo si haberte visto jamás;
es confirmación de un destino
que nací para llevar a un final.

Doncella de un cuento jamás escrito,
cazadora del corazón del hombre;
sirena de cantos suaves prohibidos,
ya eres mía y aún no me conoces.

Me han advertido del peligro
de tus ojos color de mar;
más yo sé que son mentiras,
una mirada no puede matar.

Renunciaré a lo que tengo
y mañana te saldré a buscar;
ni siquiera sé tu nombre,
pero sé que existes y eso bastará.

Doncella de un cuento...

071189

Luto En El Valle

A lo lejos,
doblan las campanas,
reclaman un amanecer,
a la estrella de la mañana.

No sucederá,
al rey le duele el alma;
la muerte de su amigo,
le enfría las entrañas.

Ha muerto el cenzontle,
en garras del halcón;
lloran las golondrinas
y de luto viste el sol.

A lo lejos,
arriba en la montaña;
el silencio de las sombras,
presenció la matanza.

Todos sabían,
"porqué" vestido de escarlata,
el sol camina triste;
pues su amigo no le canta.

120789

Gladiador

Tropezaste
no culpes a nadie;
todos cayeron alguna vez,
¡olvídalo, levántate antes de tres!

Aprendiste,
el error se vuelve
sabiduría para el mañana;
¡animo, la vida aún no acaba!

Miraste
injusticia alrededor;
más no eres débil de alma,
¡grítalo!: "¡contra mí no podrán!".

¡No te rindas, ni te arrodilles
ante la adversidad!;
por tus metas persiste,
si cedes, ¡jamás lo lograrás!

Conseguiste
levantarte a tiempo,
¡no eres un perdedor!;
¡sigue así, valiente gladiador!

¡No te rindas...

071789

La Victima

Mi historia
es como hay tantas;
un destino cruel
y una vida infortunada.

Sufrimiento,
dolor, crecí sin comprensión;
ilusión y decepción
en las redes del amor.

Frustración
es mi pan de cada día;
desengaño,
tomar la rosa por la espina.

Héroe de mi propio cuento,
culpable de todos mis actos;
víctima de un mundo incierto,
y de la desgracia: esclavo.

Mis motivos,
son los mismos de todos;
corrupción
de mi sentir, en el lodo.

Héroe de mi propio cuento...

071889

Renacimiento

Termina una historia
y nace una nueva;
es inocencia
la que como esencia lleva.

Dios le ha escrito,
por eso es eterna;
es promesa,
nacida entre hierba.

Es esperanza y fe,
es blanca y tierna;
es amanecer
a la noche más negra.

Es frescura que lleva el rio
y poesía que canta el ave;
más allá de lenguaje o rito,
es "algo" que un niño sabe.

Una lágrima le trajo,
bajo una luna llena;
es milagro,
un canto allá en las estrellas.

072089

Pienso En Ti

Cuando miro en la calle,
una pareja de la mano,
pienso en ti;
cuando escucho las risas
de alguna niña que juega,
pienso en ti.

Cuando a veces me acuerdo
de mirar la luna bella,
pienso en ti;
cuando por mi ventana
miro la lluvia nuestra,
pienso en ti.

Cuando en el autoservicio
veo helado en la heladera,
pienso en ti;
cuando en esas calles
una mujer vende flores,
pienso en ti.

Y como no he de hacerlo,
si estas en todas partes;
no me quejo, al contrario, agradezco,
que tanto de ti me dejaste.

Cuando el otoño juega
con hojas secas en el parque,
pienso en ti;
y en Febrero cuando leo
tus cartas de San Valentín,
pienso en ti.

101089

Nace El Hombre

Yo apenas era un niño
y tú una señorita bonita;
cada vez que salía a la tienda,
estabas en tu puerta solita.

Aún vestías tu uniforme,
ibas a la secundaria nocturna;
me acostumbré verte allí,
enigmática, bajo una luz difusa.

Creí que esperabas a alguien,
nunca le vi; una noche
me silbaste y mi alma robaste;
murió el niño, nació el hombre.

Recuerdo que después me llamaste,
me preguntaste mi nombre, yo el tuyo;
tras una semana, una vez me besaste,
perdí el sueño, me enamoré, era tan iluso.

Días después dejaste tu puerta,
pasé mil veces buscándote cada día;
pasaron los días y las semanas,
poco a poco mi esperanza moría.

Meses después en una fiesta,
nos volvimos a ver, tú, con pareja;
allí moriste para mí; además
esperabas un bebé... historia primera.

101889

Promesa # 7

Siempre te supe a mi lado,
aunque alguna vez te dudé;
más mi esperanza nunca cayó
y a tu piedad me abandoné.

Hoy que veo la luz del día,
me arrodillo inundado de fe;
me he acercado al camino,
contra todo y todos lucharé.

Y esa bendita semilla
que "ella" plantó, agradeceré;
te buscaré siempre
y tu santo nombre alabaré.

Recibe mi humilde agradecimiento,
mis pequeñas pero sinceras palabras;
te llevo orgulloso donde yo vaya,
jamás nada persuadirá mi alma.

Hoy sé que estas cerca,
de tu amor infinito jamás dudaré;
¡Señor bendito, Señor piadoso!
¡gracias por dejarme a tus pies!

Recibe mi humilde agradecimiento...

111589

Días De Tormenta

De mi ayer no queda mucho,
los días rosas se secaron;
entre espinas de mentiras,
herido y solo he quedado.

Mi vida perdió todo sentido,
cuanto tuve me quitaron;
para arrancar todo aquello,
de tu sombra me he alejado.

Sé perder, también ganar,
pero nada cambia el pasado;
acepto mi parte del error,
de nada sirve, te has marchado.

Mis errores y mis fallas acosándome,
tu indeleble recuerdo tras de mí,
y tu fantasmal imagen acusándome,
el zorro, la presa, no sé qué fui;
mas ya no importa,
no ya no,
lejos quedó la hora,
lejos quedó.

Tu mirada pegada a mi espalda,
me apena lo que has presenciado;
si hay que culpar a alguien,
decídelo tú, ese es mi regalo.

Mis errores y mis fallas...

021890

Dudas

¿Y tú crees que no sé amar?,
aun cuando por ti aprendí a llorar;
y más de una vez he cometido locuras,
y he callado al oír tus injurias.

Cuantas veces no solté tu mano
aun cuando por tus errores sufriste;
preferí mis reproches callarlos,
de esos esfuerzos ni cuenta te diste.

Hoy entiendo que
quien no ama, no ve
amor en ningún lugar;
por lo tanto no cree
a nadie capaz de amar.

Te he esperado cuando pediste
tiempo y espacio, paciente dolor;
de no poder estar contigo; al final
no sé si a eso le diste algún valor.

Someter el corazón no es cualquier cosa,
es asimilar el revés de la soledad oscura;
ya te abrí mi alma, contéstame ahora,
si de mis sentimientos... aún dudas.

Hoy entiendo que...

072689

Angustia y Temor

¡Angustia
vete, déjame en paz!;
¡temor
vete que quiero dormir!;
angustia y temor,
"ella" los ha enviado
a castigar mi corazón
sus sombras le han rodeado.

"Ella" me dejó
una gran carga de desconcierto,
yo no era así, eso no es cierto;
"ella" me dejó
dos fantasmas en el alma,
uno me preocupa, el otro me amenaza.

¡Angustia
vete, déjame de sofocar!;
¡temor
vete, que quiero vivir!;
angustia y temor,
"ella" los ha dejado
afuera de mi prisión,
por venganza, por mal pago.

"Ella" me dejó...

072489

Juventud De Fuego

Ansiedad que devora
y quema,
nos lleva hacia lo prohibido;
libertad que en sus alas
nos envuelve
y hechiza sin ningún aviso.

Pasión en secreto,
peligro que nos lleva
a excitantes encuentros furtivos;
citas a escondidas,
nadie necesita saber
nuestros juegos desinhibidos.

Huracán en el corazón,
sangre joven y salvaje;
marea que azota la roca,
no hay miedo, es claro el mensaje.

Atrapando las horas
de ensueño
y promesas dichas al oído;
que al final de las sombras,
saltarán a la luz
como prueba de que hemos vencido.

Huracán en el corazón...

022690

Amigo

Antes te veía
como un "ejemplo",
crecí contigo;
como imaginaría
que tú eras "peligro",
querido amigo.

Quien imaginaría
que aquel muchacho honesto,
sería un "bandido";
y siguió la vida,
hasta que una noche,
disparos oímos.

Yo era estudiante, tu malhechor;
aún de vez en cuando
compartíamos una cerveza en la esquina;
tú hablabas de "atracos",
yo como amigo
con verdadera preocupación, te reprimía.

Pero quién diría,
la muerte vino a tu encuentro,
amigo querido;
duele tu partida
¡hermano del alma,
te llevo conmigo!

022790

Caminos Torcidos

Aquel tiempo fue un tiempo
de lucha y confusión;
calles en guerra, ciegas peleas
sin conocer ganador;
así moldearon mis sentimientos
el abuso y el dolor;
por dentro me siento muerto
por eso me ahogo en licor.

Y nada cambia, ni cambiará,
nadie me escucha, nadie lo hará;
he fracasado, tengo a quien culpar,
y la ayuda necesaria nunca llegará.

Preguntas tengo, respuestas no encuentro,
culpo la ola que me arrastró;
me acorralaron, me orillaron
a ser como ellos son;
el vicio aleja los malos recuerdos
pero corrompe el corazón;
si alguien allá afuera me escucha,
¡sácame de esta prisión!

Y nada cambia...

030190

El Error

Dicen que las palabras,
hablan de lo que traes en el alma;
entonces callar sería:
redención de manera instantánea.

Dicen que las miradas,
acarician, aman y exaltan,
cerrar los ojos sería:
claudicar y aceptar la espada.

Si es tan difícil esconder
la bondad o maldad del corazón,
¿Por qué es que la mentira
parece tan fácil?, ¿dónde está el error?

Dicen que las acciones,
demuestran las cualidades humanas;
no hacer nada sería:
no exponerse a las fallas.

Dicen que una sonrisa,
es señal que trae confianza;
fingirla entonces sería:
 ¿piedad sincera en la eutanasia?

030290

Principio y Fin

Siempre tuve la intención
de robarme tu amor,
sin ofrecer diamantes;
busqué la forma de ganar
tus sentimientos,
más no quería acorralarte;
llegué a cumplir la obsesión,
gané tu corazón;
comenzó el romance.

Poco después "ella" llegó,
me hizo lo mismo, que yo hice contigo;
dime, ¿a quien podríamos culpar?,
entiende mujer, yo no quise jugar;
"ella" hizo lo que harías tú en su lugar,
perdóname y ve comenzando a olvidar.

Siempre conservé la ilusión
de entrar en tu corazón
y busqué enamorarte;
poco a poco sin presionar,
te pretendí con sinceridad;
lo mejor de mi pude mostrarte,
poco a poco gané tu amor;
al final funcionó
y de mi te enamoraste.

Poco después "ella" llegó...

030590

Nuevo y Puro

No es la primera vez
que el destino me acerca
a alguien más joven que yo;
no es eso lo que me preocupa,
la edad no es el factor.

Quiero estar seguro antes que
desboquemos los sentimientos,
antes que ambos perdamos control;
necesito y no sé cómo comprobar
que lo tuyo no es, pura infatuación.

No entristezcas, ni te molestes,
deja te explico el "porqué",
porque soy tu primer amor;
porque apenas comienza esto
y no quiero tomar ventaja, ¡así no!

No quiero engañarte, escucha,
simplemente mi experiencia ayuda
y sé cómo manejarme, ¡por favor
entiende!; solo pido hazlo despacio,
confía en mí, con calma, ¡es lo mejor!

No sueltes mi mano, es todo,
vivamos este sueño como un vals,
suavemente quiero entrar en tu corazón;
tu amor es frágil, es nuevo; con cuidado
para no lastimarlo con desilusión.

No entristezcas...

030790

Camino Al Olvido

La hoz del tiempo
no ha perdonado lo nuestro;
de todo aquello
hoy vagamente me acuerdo.

Rotas las cadenas
que soportamos por años;
las alegrías, las penas,
los destinos han cambiado.

Tenía que doler,
pues duele dejar lo que se ama;
las dudas y los "acasos"
los más dolorosos fantasmas.

Lo difícil de olvidar
es enfrentar tiempo y soledad;
caminar calles oscuras
con miedo a mirar atrás.

Hoy podemos aceptar
los errores que ayer negamos;
sé que ahora soy capaz
de vivir sin ti, aunque te amo.

051690

Un Continente

¿Por qué no me dejas ya?,
o es que aún
¿no es suficiente?;
sin explicación
te alejaste,
y sin aviso apareces.

¿Por qué no me dejas ya?,
si todo acabó,
vamos en caminos diferentes;
tú y yo cruzamos,
diferentes puentes.

¿Por qué no hablas claro?
no entiendo la razón de tu regreso,
no quiero explicar nada, menos a ti;
¿por qué intentas saber todo de mí?
perdona no quiero ser grosero
pero no sé, ni imagino que haces aquí.

¿Por qué no me dejas ya?
¿por qué ahora
te es tan urgente?;
saber de mí;
a ti y a mí nos separa,
un continente.

¿Por qué no hablas claro?...

063090

Tu Espalda

Sentada en la orilla de la cama,
yo aún recostado,
observo tu desnuda espalda;
amo la curva que hacen
tu espalda y tu cadera
y observo con atención
la delicada línea que parte
simétricamente tu espalda;
las carnes de tus caderas,
femeninas formas que adoro;
me fijo en tus hombros
estrechos en perfecta relación
con tu cuello, largo y hermoso,
cubierto en parte por tu pelo.

Tus manos sobre tus muslos,
no las puedo ver pero imagino
tus largas y cuidadas uñas;
mi mirada comienza a bajar
nuevamente hacia tus caderas
al mismo tiempo tú volteas;
¿qué miras? me preguntas,
levanto mis ojos al encuentro
de los tuyos, sonríes, esperando
respuesta; sonrió, suspiro, luego
descanso mi cabeza en la almohada;
y te respondo igual que tantas veces,
"admiraba la perfecta armonía
y balance de tu hermosa espalda".

070190

Verdadero

Nuestras manos mojadas entrelazadas,
esos días lluviosos tan nuestros;
la tarde gris y fría nos abraza,
unos caminan, otros corriendo.

Sombrillas como confeti en danza,
la lluvia acariciando nuestro pelo,
así nos gusta; libertad mojada,
la ciudad reflejada en gigante espejo.

Yo observo tu cara mojada,
después te robo un beso;
me sonríes traviesa, enamorada;
nuestros libros yo protejo.

Coches, gente, semáforos,
caras, ropa y zapatos empapados;
amor, miradas, besos; caminando
en la lluvia, no sueltas mi mano.

Volteas a mí y veo en tu mirada,
confirmación de amor sincero;
seguro que en mis ojos ves mi alma,
y sabes que lo nuestro es verdadero.

Yo observo tu cara mojada...

102990

Cuéntales

Cuéntale a todos
cuantas mentiras puedas;
si crees así escapar
de lo que de mi llevas dentro
y que te niegas a aceptar.

Cuéntale a los sordos
esa "verdad" entre lágrimas;
esconde tu vanidad y orgullo,
no les cuentes la verdad,
así evitarás remordimiento alguno.

A todo el mundo
insistes hacerle creer
que fue fácil apartarme;
que tú no tuviste que ver,
que debiste alejarte;
que yo fui quien fallé,
así tratas de engañarte,
tanta mentira, ¿para qué?

Cuéntale a todos,
un drama de comedia,
donde fuiste maltratada;
al fin y al cabo te juré,
no desmentirte en tu jugada.

A todo el mundo...

070690

Cuando Otro

Cuando alguien te pretende,
te celo, es cierto;
pero no te hago escenas,
yo no soy de esos.

Cuando otro se te acerca,
lo hace cuando te dejo;
más "el" no sabe una cosa,
acero es lo nuestro.

Cuando alguien te acosa,
sé lo que represento;
seguro que nadie entrará
al corazón que yo protejo.

Es normal que tu belleza
otros hombres atraerá,
lo acepto y por eso
te amo como nadie lo hará;
te doy el alma a solas,
después te doy libertad,
fallará quien intente acercarse,
tanto amor, perdurará.

Cuando otro se ilusiona
y comienza su cortejo;
sé que cerrarás oídos,
al pensar en lo nuestro.

Es normal que tu belleza...

070790

Madre

Hoy mi despertar fue angustioso,
pues mis manos vacías estaban;
no tenía nada para ofrecerte
y aquello madre, me lastimaba.

Fui a donde las flores dormían,
las vi tan desprotegidas y delicadas;
sentí en mi ternura y melancolía
y até mis manos para no cortarlas.

Corrí donde guardo mis pertenencias,
lo más valioso que yo contaba;
y aquellas doradas joyas que ayer quería,
las vi cual simples piedras que el rio arrastra.

Entonces subí a un sitio prohibido,
el lugar secreto donde el sol trabaja;
para ti madre, le implore un rayo,
me fue negado y madre, el día acababa.

Entonces devuelvo mis locos pasos,
ansío madre tú amorosa mirada;
tomo tus manos y con emoción te digo:
"algo digno de ti no encontré, recibe
estas, mis humildes palabras".

070890

Dime Que No Es Cierto

Nunca le hice mucho caso,
a la radio y a la televisión;
vivía en mi propio mundo,
ignorando todo alrededor.

Así era hasta ayer,
hoy abrí los ojos con horror;
al saber que dondequiera
acechan hambre y destrucción.

Dime que no es cierto
que la sombra de guerra volvió a aparecer;
dime que no es cierto
que de hambre hay niños muriendo;
dime que es mentira,
que los hombres han perdido la fe;
dime que es mentira,
que la polución ya envenenó mar y cielo.

Quiero despertar de esta pesadilla,
¿cómo fue que perdimos la noción?;
cuanto quisiera haberme quedado
en mi mundo de paz e ilusión.

Dime que no es cierto...

071090

Coplas Tristes

Nombres indelebles
con rostros difusos;
que el tiempo desgasta
y los vuelve confusos.

Un corazón roto
por actos corruptos;
en su afán de cambiar,
ha caído en lo absurdo.

Coplas tristes antes de dormir
que revientan mi alma
con sueños prohibidos;
coplas tristes, rimas de pecado,
sin compasión, me han abrazado
y me han seducido.

Conceptos erróneos
y reproches mudos;
danza de fantasmas
en mi cuarto oscuro.

Mentirosas promesas,
que recitan insultos;
en heladas llamas
destrozan mi mundo.

Coplas tristes antes de dormir...

072290

Tras Tu Inocencia

Diecisiete años de cuidados,
de perfección al vivir;
dando la espalda al pecado;
"alguien" camina tras de ti.

Prohibido escuchar a los "paganos",
no sabes besar, ni mentir;
y el sentimiento tienes "castigado";
"alguien" ríe tras de ti.

Detrás de ti,
la seductora maldad;
no muevas un dedo
o la serpiente te picará;
detrás de ti,
esa sombra te quiere manchar;
la tentación y el deseo
te destrozarán.

La ingenuidad te ha guardado
a la infamia que ronda por ahí;
cuidado con caer al sutil engaño;
"alguien" corre tras de ti.

Detrás de ti...

072490

Preludio

Te recuestas a mi lado,
tu cabeza en mi pecho,
me abrazas, suspiras;
te protejo con mi brazo
y acaricio tu pelo;
tu pierna entre las mías.

Levantas tu cara buscando
la mía; ambos sabemos,
intercambiamos una sonrisa
y nos acercamos;
unimos alientos,
me ofreces tu lengua, yo la mía.

No hay mucho que decir,
pues esto es solo preludio a un beso;
ojos cerrados, unimos los labios
y en un momento mágico, nos perdemos.

Abrazados, aún recostados,
romántico lecho,
tu piel contra la mía;
nuestros dedos explorando
nuestros cuerpos;
¡maravillosa... es la vida!

No hay mucho que decir...

072590

Acto Criminal

Una noche de lluvia
lo trajo al mundo;
rodeado de miseria,
rebelde y desnudo.

La vida ha sido dura,
cumplió ya los veintiuno;
vivió sin remordimientos,
sin mirar atrás un segundo.

Felicidad entre pobreza,
un cuadro un tanto absurdo;
desconociendo rendición,
marginado, pero astuto.

Nacer al sufrimiento,
la eutanasia implorando;
cada día más hambriento,
justicia va buscando.

Pecado: el nacer,
Vergüenza: el callar,
Sacrificio: el aceptar,
Piedad: el morir.

Nacer al sufrimiento...

081490

¿Qué Sería?

¿Qué sería de mí?,
si dejara de beberme tus besos;
de entregarme en tus labios
y desfallecer en tu cuerpo.

¿Qué sería de mí?,
si tú te fueras por un momento;,
sin la esperanza de tu mirada,
sería mejor cayese muerto.

¿Qué sería de mí?,
sin tu entrega celebrando lo nuestro;
sin tu sonrisa que contagia alegría,
no resistiría si te fueras lejos.

Que duela el pensarlo
creo que es un miedo normal;
locura imaginarlo,
me oprime el alma solo pensar.

¿Qué sería de mí?,
si tu pasión se volviera hielo;
sin todo lo que no sé explicar,
sin tus caricias, sin tu sonrisa, ni tú aliento.

Que duela el pensarlo...

082590

La Partida

En la más triste mañana
le dije adiós a mi tierra;
a mis calles de adoquín y a mi gente,
pues el destino no espera.

No quise despedirme de nadie,
no creí mi corazón lo resistiera;
perdón madre, hermanos, amigos,
no fue cobardía que yo partiera.

Así abordé mi tren al norte,
juré no llorar, fallé a mi promesa;
sin dinero, con un corazón valiente,
partí a mi destino, fugaz quimera.

Les dejé mis sueños, mi niñez,
espero que olviden mis errores;
madre reza por mí alguna vez,
yo volveré pronto, ya no llores.

En mi corazón siguen viviendo,
los recuerdos de todos en mi tierra;
les juro que estoy dando la vida
por volver, falta que Dios quiera.

Les deje mis sueños...

082590

No Voy A Olvidar

¿Por dónde empezar?
bueno deja te digo,
nunca conocí a alguien igual;
me enseñaste una forma
diferente de amar.

Deja te explico "porqué";
nos conocimos, luego amigos,
mis sentimiento crecían, los ignoré;
pero una noche sin más aviso,
me llevaste a tu cama, hermoso fue.

Más nada cambió en ti,
seguiste siendo una buena amiga
me desconcertaste debo admitir;
llegué a pensar que quizá
fue una noche de pasión para ti;
poco a poco abrí los ojos,
a lo que me estabas brindando;
una relación sin cadenas,
sin compromiso, respetando
la libertad por sobre todo;
sin drama; admito me costó trabajo,
adaptar y suprimir los deseos,
de hacer como estaba acostumbrado.

Nunca me presionaste,
recuerdo bien tu paciencia,
jamás mis celos despertaste;
era una cierta paz que sentía,
algo que no había vivido nunca antes.

Me enseñaste a amar
de una forma tan hermosa,
te juro nunca voy a olvidar;
los días que me abriste tu corazón,
con esa bella forma de enamorar.   080190

Garantías Universales

Desde tu nacimiento,
la ley te colmó de derechos;
por convicción somos iguales
garantía de derechos individuales.

Derecho a callar el abuso
y a trabajar sin descanso alguno;
a la pobreza derramada en las calles
y a respirar smog hasta que desmayes.

Eres libre te prometieron,
pero nunca incites rebelión;
o encadenarán tu lengua
y te ocultarán del sol.

Garantizados toda una vida,
de esclavitud, corrupción e insomnio;
garantizados toda una vida,
la mordaza y la venda en tus ojos.

Derecho a una mala educación,
a diarios abusos y a la polución;
por tu propio bien no cuestiones la ley,
ya que tus derechos... perdiste al nacer.

081590

No Quiero Saber

Me críticas porque no sabes aún
quien es el que está equivocado;
dices que no sé de nada del mundo,
no veo noticias y no leo los diarios.

Que no me preocupo de lo que sucede,
que muerte y hambre se han desatado;
que las sombras de guerra están presentes,
que soy ignorante y despreocupado.

Te voy a decir "porqué"
cierro mis ojos
a los hechos rojos
y a la mala fe.

Prefiero vivir aunque un día no despierte,
la maldad existirá, existe y existió;
¿para qué vivir pensando en la muerte?,
y perder un segundo, una luna, un sol.

No envenenaré mi alma con malas noticias,
prefiero disfrutar lo bueno que ha quedado;
y no escuchar el vómito de políticas mentiras
que nos hace pensar que podemos arreglarlo.

Por eso vivo ajeno a la sangre
que la maldad humana ha derramado;
lo mío no es cobardía, es sensatez,
no estamos preparados para evitarlo.

Te voy a decir "porqué"...

090690

Si Pudiera

Fue una tarde hermosa,
cuando nos vimos por última vez;
ni tú ni yo lo sabíamos,
ya nunca nos volveríamos a ver.

Teníamos un gran problema,
tu embarazo, la escuela, tus padres;
tu preocupación me dolía
y como pude traté de confortarte.

Y aceptando mi responsabilidad,
te juro que intenté hacer mi parte,
y te propuse mil soluciones,
más nada parecía consolarte.

Nos despedimos sin saber,
nunca jamás juntos los dos;
despareciste para siempre,
nunca sabré la verdadera razón.

No tiene caso decir lo que sufrí;
lo que nunca pude hacer o decir;
me ha atormentado desde entonces,
si pudiera, ese día... ¡no lo dejaría existir!

102990

Sin Condiciones

Dices que te lastimaron
un poco el corazón;
por eso temes entregarlo
nuevamente al amor.

Déjame proponerte algo,
una solución a la situación;
guarda tus sentimientos,
hasta que no haya más dolor.

Sé que no es fácil confiar,
toma tu tiempo, sin presión;
no te preocupes, yo se esperar,
mientras sana tu corazón.

Mientras tanto usa el mío,
has un refugio de "el";
desahoga esos tristes recuerdos,
su sinceridad sanará el ayer.

Sin duda de que mañana,
tú harás lo mismo que yo;
la confianza es una fuerza
que abre el alma a la ilusión.

Mientras tanto usa el mío...

103090

Promesa # 8

No quisiera parecer un necio
ante tus ojos pacientes;
pero mi agradecimiento desconoce
descanso, ¡tú me haces fuerte!

Acepto que no he recibido
castigo a todos mis pecados;
más conozco tu promesa de justicia
y arrepentido, "piedad" vivo implorando.

Sé que estoy vivo
porque tú
no me has bajado de tu mano;
pero hoy mi Dios
que enfrento
un gran sueño anhelado;
te ruego con humildad
me lo dejes alcanzar.

No sé qué harás de mi vida
y te juro que no quiero saberlo;
pero Señor, si he de lograrlo,
será en tu nombre, con tu apruebo.

Sé que estoy vivo...

103190

Ya Sé Porqué

Ya sé "porqué"
dejé de ser yo mismo,
mi corazón se endureció
y mi amor cayó al abismo;
no tengo miedo
y no siento dolor.

Ya sé "porqué"
mi mirar se ha vuelto frio,
mis palabras llevan fuego
y en el triunfo estoy vencido;
no tengo sueños
y no encuentro calor.

Desde que "ella" salió de mi vida,
esto es infierno, sin luz ni salida,
algo murió en mí;
nada es igual aquí,
no hubo culpables esta ocasión,
ojala no sientas lo que siento yo.

Ya sé "porqué"
camino confundido,
lo fácil se hace difícil
y el seguir pierde sentido;
un beso de hielo
aplastó mi ilusión.

Desde que "ella"...

010391

Corazón De León

Las tormentas del ayer
no te han vuelto duro,
corazón de león;
ardes con pasión
pecando en el mundo;
es deseo de la piel.

La luna te es fiel
y en un rincón oscuro,
corazón de león;
compartes amor,
sin perder segundo;
vivir es placer.

Albedrio es tu derecho,
sagrada tu privacía;
hacer lo que sale del pecho,
libertad esencia de vida.

El sentir ubicuo es
forma humana en discurso,
corazón de león;
no existe prisión
que pueda cambiar tu curso
porque así... ¡debe ser!

Albedrio es tu derecho...

010891

Quisiera Estar Equivocado

A ti no te daré mi corazón,
sé que lo arrojarás
a la cajuela de tu coche
y lo usarás en "emergencias";
como la llanta y el "gato"
que aquí tienes y no estrenas.

A ti no te daré mi corazón,
sé que lo olvidarás
bien debajo de tu cama,
para que no te comprometa;
o allá en el refrigerador,
hasta que "hambre" de amor tengas.

Como quisiera estar equivocado
y que solo un capricho no fuera;
quieres todo y no ofreces nada,
y egoísmo y amor no se mezclan.

A ti no te daré mi corazón,
sé que lo cambiarás
por las promesas de un "extraño";
y que cuando hagas limpieza;
en el armario lo arrumbarás
como esos zapatos que no te quedan.

Como quisiera...

011191

Estoy Listo

De los trece
a los veintiséis;
tonta e inexperta
juventud.

Cometí el error del engaño
sin remordimiento;
un corazón hice pedazos,
hoy me arrepiento.

También jugué con la ilusión
de una inocente;
estúpida tonta diversión,
canalla consciente.

Y de celos a otra acusé,
por inseguridad;
sus alas blancas corté,
innecesaria crueldad.

Porque he cometido los errores
y cada uno la vida me ha cobrado;
hoy, tras experiencia y reflexiones,
he aprendido, aceptarlo, me ha cambiado.

Prometo respetarte siempre,
darte confianza total;
adorar tu persona íntimamente,
y tus sueños apoyar.

Porque he cometido los errores...

011591

Inconsecuente

He pensado mucho
en lo que pasó anoche;
no sabía de tu "amigo";
tiempo de confronte.

Pensé que confiabas
y nada tenías que ocultar;
sabes que los secretos,
algún día se sabrán.

Cuando yo me iba,
"el" llegaba, no entiendo;
¿fallaste tú o fallé yo?,
¿coincidencia o juego?

Si necesitas explicar,
adelante, te escucho;
me miras en silencio,
si no quieres hablar;
lo entiendo; pero esto
ya no puede continuar.

No vale la pena
un drama inconsecuente;
después de todo,
amar no se fuerza, se siente.

En estas situaciones,
uno del trio sufrirá;
casi siempre el engañado
y otras quien fue desleal.

Si necesitas explicar...

020291

Nada Está Escrito

Lo que no enseña la escuela
se aprende en las calles;
y muy cierto lo que digo,
sin entra en detalles.

No toda la gente es buena;
un pan no se tira y la sal no se niega;
no es el león como lo pintan;
el infierno está aquí, no bajo tierra.

La lógica de la vida se adquiere
sin haberla leído;
amar, sufrir, mentir y pecar
no se aprenden en un libro.

Si has amado, engañado
o sufrido por alguien;
entenderás lo que digo,
sin entrar en detalles.

El que no cae tropieza;
no es lo mismo temor y vergüenza;
el que no arriesga no gana;
y todo se vale en amor y en guerra.

La lógica de la vida...

101991

Reprimenda

Caer y volver a caer,
¿qué clase de vida es esta?;
¿es esto amor u odio?,
yo no le encuentro diferencia.

¿Vale la pena el intento?,
crece la duda y no hay respuesta;
tú vas en un segundo
del silencio a la histeria.

Al otro lado del mar,
me llamas pidiendo ayuda,
y cuando llego te escondes,
tu juego sucio trae la disputa.

Solo lo tuyo importa,
¿qué clase de vida es esta?;
un minuto el mar en calma,
luego horas de peleas.

¿Vale la pena la lucha
por esa calma que no llega?;
yo te hablo, tú no escuchas,
me llamas, te vas... luego regresas.

102291

Réquiem Nocturno

A mis sueños te traje
y en mis sueños te amé;
porque no hay otra forma,
porque así debe de ser.

Ya tarde te conocí,
ya tarde te encontré;
"otro" te ató a su vida,
"otro" te hizo mujer.

Reproches de un corazón,
que cada noche se rebela;
con tal entrega y pasión,
que nada me despierta.

Quisiera cambiar las cosas,
quisiera gritar mi amor;
no puedo herir una rosa,
tú no mereces dolor.

Enfermo de frustración,
a punto de enloquecer;
debo cambiar esta situación,
debo amar... a otra mujer.

102791

Promesa # *10*

Reservada promesa a mi Padre Celestial.

Glosario De Términos

Varios de los términos usados aquí son específicos de las personas que habitan en la ciudad de México. Por ser un lenguaje muy "folklorico" en ciertas ocasiones me tome la libertad de usarlos de forma cómica principalmente he aquí sus significados. Un par de ellas son palabras normales Francesas.

- "Arañas" – En este caso, malas palabras, lenguaje vulgar u ofensivo.
- "Atraco" – Comer, alimentarse.
- "Aventado" – Que no tiene temor a lo que la gente diga o piense.
- "Aventón" – Acción de viajar en auto sin tener que pagar.
- "Bragao" – Valiente.
- "Carrocería" – Forma del cuerpo, belleza física.
- "Carruaje" – Coche, automóvil.
- "Chafear" – Morir, sucumbir, descomponer.
- "Chava" – Novia.
- "Chilango" – Personas nacidas en la Ciudad de México.
- "Chiqueada" – Consentida.
- "Corral" – Lugar donde la grúa lleva los autos confiscados.
- "Cuates" – Amigos.
- "Cucharón" – Corazón.
- "De Volon Pin Pon" – Rápido, de prisa, apurate a hacer algo.
- "Desplumar" – Según el contexto puede significar matar o herir seriamente a alguien.
- "Enchina" – Escalofrió.
- "Faire l'amour" – Hacer el amor.
- "Gandallitas" – Personas con fama de buscar pelea (bullís: abusadores).
- "Gourmet" – Conocedor de la buena comida.
- "Guajolotes" – Nombre que se le da a una persona que estorba o se puede usar de forma derogatoria, persona que estorba.
- "Jalar" – Andar, correr, funcionar. (en autos: correr).
- "Juana" – Otra forma de decir "el diablo".
- "Manos planas" – Que pelean a cachetadas, que no saben pelear con los puños.

- "Maquina" – En este caso se refiere a salud del cuerpo.
- "Mon Petit" – Cariño.
- "Ojo de Pancha" – Desaparecer, esfumarse.
- "Okiwasas" – Llave que se aplica en la lucha libre (México).
- "Pesero" – Transporte publico parecido al taxi pero con una ruta definida con un cupo de 10 a 12 personas más o menos.
- "Pico" – Pico o puro pico, que solo hablan por hablar.
- "Planchó" – Aplastó o apachurró.
- "Progol" – Juego de pronósticos de Futbol.
- "Raid" – Marca de producto para exterminar (fumigar) insectos.
- "Roll" – A dar la vuelta.
- "Sacaste Boleto" – Amenaza de castigar (golpear) a alguien en retribución por sus acciones.
- "Surto" – Surtir (repartir).
- "Transando" – Engañando, haciendo negocios sucios.
- "Tuna" – Típica "fruta" que nace en la punta de los nopales.
- "Zopilote" – Hombres que acosan a las chicas, más que para conquistarlas la mayoría del tiempo solo es para molestar.

Biografía Del Autor

Víctor Manuel Garcia Zagal nació en México Distrito Federal en la Colonia Azcapotzalco, creció en La Colonia Santa Fé y actualmente reside en Carson, California.

Estudió en la escuela primaria Vasco de Quiroga, escuela secundaria # 77 República de Panamá, escuela Preparatoria # 4 Vidal Castañeda y Nájera.

Por razones mencionadas en los escritos anteriores y por no quererse cortar el pelo largo que usaba en aquellos días no pudo obtener su "Cartilla" y por consiguiente no podía trabajar en lugares donde se requerían documentos en regla; en espera de un mejor futuro, trabajó de pintor (casas), albañil, ayudante de mecánico, de estibador, fabricando adoquines, vendedor ambulante, soldador, cajero en una tienda de autoservicio y cuando en la "Prepa", cantaba con su guitarra en los camiones (autobuses).

En busca de una mejor vida emigró a los Estados Unidos; tras obtener su GED (General Education Diploma) el equivalente a High School en E.U.; ingresó a UCLA en clases de Film y T.V., trabajo en varios proyectos, desde comerciales y programas pagados de T.V. (Night Line), así como también películas de largo metraje (The Last Supper), sus funciones fueron variadas (electrician, best boy, grip and gaffer), tuvo un par de apariciones en películas como "Dark Crossing" al lado de Damián Chapa. Estudió fotografía profesionalmente y creó una agencia de fotografía para modelos en el campo de Arte (ArtRageFilms), al mismo tiempo tuvo la oportunidad de ejercer como Gerente General de una compañía manufacturera de componentes para las industrias de la plomería y la electricidad; por lo cual dejo el Cine y la Fotografía a un lado. Más tarde se encontró con la oportunidad de comenzar una compañía distribuidora de películas la cual continúa en operación hasta la fecha. Recientemente trabajó como camarógrafo en una estación de T.V. Cristiana, después obtuvo licencia como Bróker de seguros y en este momento está involucrado en "Trading" en la bolsa de valores.

Espera poder hacer tiempo para seguir escribiendo.

www.ingramcontent.com/pod-product-compliance
Lightning Source LLC
Chambersburg PA
CBHW071951290426
44109CB00018B/1983